Nitsch · Kindern helfen mit Märchen

Cornelia Nitsch

Kindern helfen mit Märchen

*Vorlesegeschichten zum Heilen,
Trösten und Mutmachen*

Mosaik

© 1999 Mosaik Verlag München in der
Verlagsgruppe Bertelsmann GmbH / 5 4 3 2 1

Redaktion: Monika König
Textbearbeitung: Gerlinde Wiesner
Umschlaggestaltung: Design Team München
Umschlagfoto: G+J Fotoservice, photonica
Satz: Filmsatz Schröter GmbH, München
Druck und Bindung: Clausen & Bosse, Leck
Printed in Germany
ISBN 3-576-11232-4

Inhalt

5. Kapitel: Eltern, Geschwister – die ganze Familie

6. Kapitel: Alltagsprobleme

7. Kapitel: Sorgen und Nöte, die ein Kind belasten

8. Kapitel: Der Tag endet, die Nacht kommt

Vorwort

Dieses Buch ist zuerst ein Appell an die Eltern, ihren Kindern Märchen und Geschichten zu erzählen – neue Märchen aus der Jetztzeit sowie typische Alltagsgeschichten. Sie finden hier Märchen und Geschichten, die Kinder zum Nachdenken bringen, die sie neugierig machen, aber auch unterhalten wollen. Es kommen Probleme zur Sprache, die Kinder beschäftigen und in vielen Familien aktuell sind.

Erfahrungsgemäß identifizieren sich Kinder gerne mit den Helden der Geschichten, die sie zu hören bekommen. Sie sammeln beim Zuhören und Mitleben Aha-Erlebnisse: »Das, was ich hier miterlebe, kommt mir bekannt vor. Es ist genau das, was ich auch erlebt, gedacht und gefühlt habe.« Sie zittern von Anfang bis Ende der Geschichte mit, setzen sich mit der Handlung auseinander und kommen zu dem Schluß: »Das Problem würde ich ähnlich angehen«, oder sie sagen sich: »Ich würde es auf andere Art aus der Welt schaffen.«

Die Geschichten und Märchen in diesem Buch fordern Kinder auf, sich eine eigene Meinung zu bilden und diese Meinung auch zu äußern, mit Erwachsenen zu besprechen. Und sie helfen den Kindern gleichzeitig, Antworten auf Fragen zu finden, die sie im Alltag beschäftigen. Sie beflügeln die Gedanken, die Phantasie und ordnen die eigenen Gefühle. Manchmal wird in Geschichten auch ein Weg aufgezeigt, den die Kinder übernehmen können, wenn sie sich mit ähnlichen Problemen herumschlagen.

In Märchen lösen sich Schwierigkeiten aber nicht immer auf die »vernünftige« Art, sondern oftmals auf wundersame Weise. Das tut Kindern gut, regt sie dazu an, sich vom Helden der Geschichte bei Bedarf ein Scheibchen abzuschneiden. Märchen können also Mut, Hoffnung machen und ein Trost sein. Denn wenn sich die Probleme in den Märchen spielerisch lösen lassen, dann vielleicht auch in der Wirklichkeit – wer weiß. Kinder glauben an Wunder! Das Buch will aber nicht nur Kinder anregen, sondern auch Erwachsene. Es bietet Eltern eine Möglichkeit, mit ihren Kindern anhand von Geschichten ins

Gespräch zu kommen und spielerisch – ohne Belehrung, ohne »gute Ratschläge« – wichtige Erziehungsthemen anzusprechen. Beim Vorlesen oder Erzählen ergeben sich viele Anknüpfungspunkte, um eigene Erfahrungen, Gedanken und Gefühle einfließen zu lassen!

Dieses Buch möchte Eltern helfen, die Herausforderungen zu meistern, mit denen sie sich täglich konfrontiert sehen. Mal mag der kleine Sohn nicht mehr in den Kindergarten gehen, oder er ist traurig, weil er sich mit seinem besten Freund gestritten hat. Mal veranstaltet die Tochter in ihrem Zimmer Chaos, oder sie weigert sich, in den Kindergarten zu gehen. Tag für Tag stehen zu Hause neue Themen an:

- Wo müssen wir unsere Kinder unterstützen, wo Anregungen bieten?
- Wo sollten wir gegensteuern und Grenzen setzen?

Viele Mütter, viele Väter fühlen sich in puncto Kindererziehung häufig überfordert: Dauernd tauchen neue Fragen auf, und immer sollen wir uns Antworten und Lösungen einfallen lassen. Wenn sie unsicher, ratlos sind, gehen Eltern bisweilen über die Anliegen ihrer Kinder hinweg, nehmen sie nicht ernst genug oder setzen ihre Sprößlinge unnötig unter Druck, drohen mit Strafen, obwohl sie viel lieber verständnis- oder liebevoll wären. Statt ihre Kinder zu unterstützen und anzuleiten, nehmen sie ihnen mit ihren Schimpfereien, mitunter auch mit ihren Strafaktionen den Mumm, um anstehende Alltagsprobleme – befriedigend für alle – zu lösen oder wichtige Fragen, die über den Alltag hinausgehen, sinnvoll zu beantworten. Hier kann dieses Buch helfen, da es Eltern ein Mittel in die Hand gibt, um ihre Kinder zu motivieren.

In den jeweils an die Geschichten anschließenden Tips für die Eltern werden die angesprochenen Erziehungsthemen aufgegriffen und durch zusätzliche Informationen und Ratschläge ergänzt.

Beim Vorlesen oder Erzählen kommt es nicht nur auf den Inhalt an, sondern auch auf das Drumherum: Kinder genießen das gemütliche Zusammensein, die vertraute Stimme von Mutter oder Vater, wenn sie die Geschichten zum besten geben. Alles zusammen ist Zuwendung pur und damit auch ein wirkungsvolles Heilmittel für Kinder. In einer liebevollen Atmosphäre fällt es ihnen leicht, sich zu entspannen und gleichzeitig zu konzentrieren.

München, im Dezember 1998
Cornelia Nitsch

1. Kapitel
Der Tag beginnt

Wenn ein Kind
morgens nicht aus dem Bett kommt …

Die Geschichte vom zitronengelben Papagei

Lieschen liegt im Gras unter einem Baum. Auf dem Baum, genau über Lieschen, sitzt ein zitronengelber Papagei – gut versteckt zwischen grünen Blättern. Der zitronengelbe Papagei schnarrt: »Ist es nicht langweilig, einfach nur im Gras zu liegen und in den Himmel zu träumen?« »Ich träume nicht in den Himmel«, sagt Lieschen. »Ich schaue in einen Baum. Und auf diesem Baum sitzt ein zitronengelber Papagei, der mit mir spricht! Und das ist überhaupt nicht langweilig, sondern hochinteressant.« »Eigentlich haben Sie recht«, antwortet der Papagei. »Noch wesentlich interessanter wäre es, mit mir auf Reisen zu gehen. Haben Sie Lust, sich mir anzuschließen?« »Ich habe Lust«, sagt Lieschen und richtet sich auf. »Nur: Wie reisen wir? Und wohin reisen wir?« »Wir machen eine Reise ins Blaue!« schnarrt der Papagei. »Vertrauen Sie sich mir an. Ich werde Sie führen. Wir werden nicht gehen, wir werden nicht fahren, sondern wir werden fliegen!« »Ich kann aber nicht fliegen!« meint Lieschen. »Ich habe keine Flügel!« »Das macht nichts«, ruft ihr der Papagei zu, »stellen Sie sich ins Gras, strecken Sie die Arme aus, wedeln Sie mit den Armen, und schon fliegen Sie davon – einfach mir nach!«

Lieschen stellt sich ins Gras, streckt die Arme aus, wedelt mit den Armen und – wirklich, es ist kaum zu glauben – hebt vom Boden ab. Sie fliegt auf und davon, folgt dem zitronengelben Papagei, der in großen, weiten Bögen in den blauen Himmel fliegt. Die Erde hinter sich lassen, in den Himmel aufsteigen – ein wunderbares Gefühl. Einfach herrlich, denkt Lieschen.

»Guten Morgen, mein Kind! Es ist sieben Uhr! Aufstehen!« Lieschen blinzelt. Sie kann es nicht glauben. Bitte nicht! Das darf einfach nicht wahr sein. Kein Fliegen mehr durch die Lüfte in den blauen Himmel. Kein zitronengelber Papagei mehr zu sehen. Vor dem Bett steht ihre Mutter. »Lieschen, es wird Zeit. Du mußt dich sputen!« sagt sie.

Lieschen hat nicht die geringste Lust aufzustehen und sich zu sputen. Verärgert schaut sie ihre Mutter an und denkt: Ausgerechnet jetzt muß sie mich stören, gerade wenn ich so schön fliege. Wo ist der zitronengelbe Papagei geblieben? Lieschen sucht den Papagei. Der Vogel ist nirgends zu sehen. Vielleicht taucht der Papagei auf, wenn ich die Augen wieder schließe, denkt Lieschen. Doch er bleibt verschwunden. Vielleicht finde ich ihn unter der Bettdecke, denkt Lieschen. Sie kriecht tief unter die Decke – hilft auch nichts, kein zitronengelber Papagei weit und breit. Die Mutter zieht Lieschen die Bettdecke weg, gibt ihrer Tochter einen dicken Kuß mitten auf die Nase und sagt: »Mach kein Theater. Raus aus dem Bett. Ein schöner Tag wartet auf dich. Ich würde ihn nicht länger warten lassen!« Und dann geht sie aus dem Zimmer.

»Guten Morgen, liebes Lieschen!« sagt der Sonnenstrahl, der jetzt von draußen durchs Fenster, über die Fensterbank durch Lieschens Zimmer wandert und zu ihr ins Bett krabbelt. Der Sonnenstrahl streichelt Lieschen sanft und kitzelt sie leise. »Meine Dame«, sagt der Sonnenstrahl, »ich würde jetzt die Augen öffnen und mir den neuen Tag genauer anschauen. Kein schlechter Tag heute, sage ich dir. Draußen sind noch mehr Sonnenstrahlen unterwegs. Sie glitzern und leuchten. Sie tanzen. Sie machen Licht- und Schattenspiele. Sie bringen die Blumen zum Blühen und die Vögel zum Zwitschern. Sie sind bester Laune. Spiel mit ihnen! Sie warten auf dich.«

Endlich öffnet Lieschen die Augen. Sie setzt sich auf und reibt sich die Augen, blinzelt. Sieht den Sonnenstrahl in ihrem Bett, lächelt und beginnt mit ihm zu spielen: Sie legt ihre Hand in die Sonne. Warm und angenehm fühlt sich das an. Sie geht mit zwei Fingern in der Sonne spazieren. Auch schön. »Hab' ich dir doch gesagt«, sagt der Sonnenstrahl, »mit dem neuen Tag kannst du eine Menge Schönes anfangen. Beeil dich! Spring endlich aus dem Bett!«

Jetzt denkt Lieschen nicht länger an den zitronengelben Papagei. Mit einem Satz springt sie aus dem Bett, läuft ans offene Fenster, schaut hinaus und denkt: Der Sonnenstrahl hat recht gehabt. Überall Sonne. Überall helles Licht und warme Luft. Der neue Tag läßt sich nicht übel an! Lieschen zieht sich schnell an und rennt aus dem Haus. Mit den anderen Sonnenstrahlen will sie spielen.

Tips für Eltern

Wer einen richtigen Langschläfer zu Hause hat, weiß, wie zäh und mühsam es sein kann, die kleine Trantüte morgens aus dem Bett zu scheuchen. Einmal wecken, zweimal wecken – es dauert, bis sich eine echte Schlafmütze aus dem Bett gequält hat.

So können Sie helfen:
- Das Märchen vom zitronengelben Papagei kann als Einstieg dienen, um mit einem Kind ins Gespräch zu kommen über seine Morgenmuffeligkeit.
- Nicht schimpfen und mahnen und so die Morgentrödelei zum Reizwort machen, sondern das Thema lieber im Vorfeld möglichst locker und gelassen angehen – vor dem ersten großen Krach.
- Verständnis zeigen für die morgendlichen Anlaufschwierigkeiten. Nicht nur Erwachsene, sondern auch Kinder haben ihren eigenen Rhythmus, und schon jetzt zeichnet sich häufig ab, wer zum Frühaufsteher geboren ist und wer zum Langschläfer.
- Auch wenn das keine sofortige Verhaltensänderung zur Folge hat: geduldig, aber ohne Vorwurf in der Stimme auf den Familienstreß hinweisen, der durch die mühsame morgendliche Weckprozedur entsteht, und die Hoffnung auf Einsicht nicht aufgeben.
- Dem Kind »Belohnungen« anbieten, wie zum Beispiel: »Jeden Samstag darfst du so lange schlafen, wie du willst!«

Wenn ein Kind
den Tag schlecht gelaunt angeht ...

Die Geschichte vom Linksaufsteher

Der Linksaufsteher steht Morgen für Morgen mit dem linken Fuß zuerst auf – aus reiner Gewohnheit. Und steht er dann mit seinem linken Fuß auf dem Teppich vor seinem Bett, zieht er den rechten Fuß nach und ärgert sich schon zum ersten Mal: Blöder Teppich, denkt er. Viel zu kratzig, viel zu rauh für meine zarten Füßchen. Weil er ungern auf dem Teppich steht, beeilt sich der Linksaufsteher, in seine Pantoffeln zu kommen. Kaum ist er reingeschlüpft, erst mit dem linken, dann mit dem rechten Fuß, ärgert er sich zum zweiten Mal: Blöde Latschen! Viel zu ausgeleiert, viel zu weit für meine zarten Füßchen!

Vor sich hin murmelnd – »Blöder Tag heute« – schlurft er ins Badezimmer, schaut in den den Spiegel und ärgert sich zum dritten Mal: Ein blödes Gesicht, das ihn aus dem Spiegel anstarrt! Mißgelaunt. Total unfreundlich. Unter der krausen Stirn zugekniffene Augen, die grimmig dreinschauen. Unter den Augen ein schmaler Mund, die Mundwinkel nach unten.

»Hör mal zu«, sagt der Spiegel zum Linksaufsteher, »das, was du in diesem Spiegel siehst, ist wahrlich kein Bild der Freude! Diesen grimmigen Muffelkopp magst du doch selbst nicht leiden.« »Hast ja recht«, sagt der Linksaufsteher zum Spiegel. »Wirklich unausstehlich dieser Kerl, der mich da anglotzt. Aber wie soll ich's ändern?« »Ganz einfach«, meint der Spiegel. »Du beginnst den Tag noch einmal. Zurück, marsch, marsch, ins Bettchen. Und dann stehst du mit dem rechten Fuß zuerst auf. Mal sehen, was dann passiert!«

Diese Idee gefällt dem Linksaufsteher. Sofort und auf der Stelle macht er auf dem Absatz kehrt, läuft ins Schlafzimmer, springt zurück in sein Bett und steht noch einmal auf. Mit dem rechten Fuß zuerst, genau wie vom Spiegel empfohlen.

Aus dem Linksaufsteher ist ein Rechtsaufsteher geworden. Und, siehe da, der Tag fängt gleich rosiger an. Kaum steht der Rechtsaufsteher auf dem Teppich vor seinem Bett, denkt er: Wundervoll flauschig und weich, dieser Teppich. Eine Wohltat für meine zarten Füßchen. Er freut sich zum ersten Mal. Der Rechtsaufsteher tippelt über den Teppich, genießt dabei jeden Schritt und schlüpft in seine Pantoffeln – rechter Fuß zuerst, linker Fuß danach. Wirklich angenehme Galoschen, denkt er. So weich und gemütlich, und er freut sich zum zweiten Mal.

Der Rechtsaufsteher geht fröhlich ins Badezimmer, schaut in den Spiegel und freut sich zum dritten Mal: Ein nettes Gesicht, das ihn aus dem Spiegel angrinst. Gut gelaunt. Ein richtiges Morgensonnengesicht. Unheimlich fröhlich. Unter der glatten Stirn strahlende Augen, die neugierig in die Welt gucken. Unter den Augen ein breit lächelnder Mund, Mundwinkel nach oben. »Hör mal zu«, sagt der Spiegel zum Rechtsaufsteher, »das, was du in diesem Spiegel siehst, ist nun aber wirklich ein Bild der Freude. Wer so heiter den neuen Tag begrüßt, wird ihn auch genießen können!« »Wird schon werden!« ruft der Rechtsaufsteher dem Spiegel zu und verschwindet pfeifend unter der Dusche.

Tips für Eltern

Nichts nervt einen Morgenmuffel mehr, als gleich morgens mit einer Strafpredigt am Frühstückstisch empfangen zu werden nach dem Muster: »Warum machst du denn schon wieder ein Gesicht wie drei Tage Regenwetter? Warum immer diese miese Laune am Morgen? Das ist wirklich eine Zumutung für deine Umgebung. Kannst du dich nicht zusammenreißen und ein bißchen freundlicher sein?« Der Effekt aller Schimpferei: Der Morgenmuffel muffelt erst recht, frühstückt extra im Stehen, er ist kein bißchen motiviert, sein Verhalten zu ändern: Jeden Morgen die gleiche Meckerei. Zum einen Ohr rein, zum anderen Ohr raus.

So können Sie helfen:

- Den Morgenmuffel möglichst in Ruhe lassen. Es wird sich schon ausmuffeln mit der Zeit – je weniger Aufhebens davon gemacht wird, desto eher.
- Nicht schon morgens ein Erziehungsthema daraus machen. Gestehen Sie dem Kind seine Eigenständigkeit zu – auch wenn sie darin besteht, schlechte Laune zu haben.
- Zu einer anderen Tageszeit in einem ruhigen Moment die Morgenmuffelei einmal zur Sprache bringen. Die Geschichte vom Linksaufsteher kann als Aufhänger für solch ein Gespräch dienen. Zusammen mit dem Kind über die Ursachen der miesen Morgenlaune nachdenken und überlegen, ob sie zu vermeiden ist und welche Auswirkungen sie auf das Familienklima hat.
- Nicht sehr wirkungsvoll sind Ermahnungen, wirkungsvoller dagegen eine Prise Humor und Lässigkeit. Bloß kein großes Problem daraus machen!

Wenn ein Kind trödelt …

Die Geschichte vom alten Charly und den Zwillingen

Einen Stapel zerfranster Zeitungen unter dem Arm, rennt Linas Mutter durch den Flur und ruft ihrer Tochter zu: »Beeil dich! Gleich fährt unser Bus! Soll ich dir beim Schuhe-Anziehen helfen?« »Nee, mache ich alleine!« antwortet Lina. Bevor Lina ihre Schuhe aus dem Schuhregal holt, geht sie bei ihrem Teddy in der Küche vorbei – beim alten Charly. Der alte Charly sitzt auf der Fensterbank und erwartet wie an jedem Morgen, daß Lina sich von ihm verabschiedet, bevor sie das Haus verläßt. Lina gibt ihm einen dicken Kuß und sagt: »Tschüs, mein Lieber – bis heute nachmittag!«

»Nicht so flott, Lina«, sagt der alte Charly. »Ich muß dir noch schnell das Neueste von Granny, dem Känguruh, erzählen!« Weil sich Lina immer gerne die Geschichten anhört, die ihr der alte Charly zu erzählen hat, setzt sie sich auf einen Küchenstuhl neben der Fensterbank, nimmt den alten Charly auf den Schoß und kitzelt ihn am Bauch: »Was ist los mit Granny, dem Känguruh?«

»Lina, wo bist du denn? Sitzt du immer noch in der Küche herum und spielst mit deinem Teddy, anstatt dir endlich die Schuhe anzuziehen?« Linas Mutter steht, schon im Mantel, in der Küchentür, hält Linas Schuhe in der Hand und ist inzwischen wirklich sauer: »Jeden Morgen diese Trödelei, das nervt unendlich! Kannst du dich nicht einmal beeilen?«

Lina streichelt den alten Charly hinterm Ohr, setzt ihn wieder aufs Fensterbrett, steht langsam auf, trottet durch die Küche, nimmt ihrer Mutter die Schuhe aus der Hand und murmelt leise und ziemlich gereizt: »Ich komme ja schon!« Lina wandert durch den Flur zur Treppe, setzt sich auf die dritte Treppenstufe von unten, stellt die Schuhe auf die zweite Treppenstufe von unten und guckt Löcher in die Luft.

Bolle und Bille, Linas linker und rechter Schuh, Zwillingsbruder und
-schwester und schon etwas zerknautscht, recht faltig mit der Zeit,
schauen sich vielsagend an. Das Theater kennen die beiden bereits.
Morgen für Morgen das gleiche. »Lina sollte in die Gänge kommen«,
flüstert Bille Bolle ins Ohr. »Sonst gibt es gleich Krach«, Bolle nickt
nachdenklich, zappelt ungeduldig auf seiner Treppenstufe hin und her,
räuspert sich nervös und sagt dann laut und deutlich: »Liebe Lina, ich
will dich nicht drängen, aber du solltest uns jetzt an deine Füße lassen! Wir haben nicht mehr viel Zeit! Der Bus fährt wirklich gleich!«
Auch Bille ruckt und zuckt unruhig auf der Treppenstufe hin und her.

Schon wieder diese Drängelei. Ich will meine Ruhe haben, denkt
Lina. Jetzt nerven sogar die Zwillinge. Lina denkt gar nicht daran, sich
zu beeilen. Sie hat eine bessere Idee: »Ich lasse euch schaukeln!« Lina
nimmt die Schuhbänder von Bille in die rechte Hand, die von Bolle
in die linke. Und dann läßt sie die Schuhe fröhlich hin- und her-
schwingen. Natürlich schaukeln Bille und Bolle für ihr Leben gerne,
aber doch nicht in diesem Moment! »Laß uns runter!« ruft Bille. Enttäuscht, weil Bille und Bolle nicht mitspielen wollen, läßt Lina die Zwillinge auf die Treppenstufe plumpsen.

Nun geschieht, was Bille und Bolle schon vorausgesehen haben: Linas Mutter platzt der Kragen. Wütend steht sie vor der Treppe und
schimpft: »Deine Trödelei raubt mir den Verstand … Kannst du dich
nicht einmal beeilen?« Ruppig greift sie sich die Zwillinge, schiebt Bille
auf Linas rechten Fuß, Bolle auf den rechten und bindet die Schnür-
bänder resolut zu. Die Zwillinge zucken zusammen: Dieses feste Zubinden tut weh. Eine pfleglichere Behandlung, ein wenig mehr Rück-
sichtnahme könnte man eigentlich erwarten!

Später im Kindergarten geht Lina sanft und freundlich mit den Zwillingen um, zieht sie vorsichtig von ihren Füßen, streicht ihre Schnür-
bänder glatt, streicht den Staub von den Schuhspitzen, stellt Bille und
Bolle behutsam ins Schuhregal und flüstert ihnen im Weggehen zu:
»Jetzt könnt ihr ausruhen. Tut mir leid, daß ihr unter meiner Trödelei
zu leiden hattet! Morgen mach' ich schneller!« Bille und Bolle schauen
sich vielsagend an. Sie haben da ihre Zweifel.

Tips für Eltern

Morgen für Morgen gibt es in vielen Familien die gleiche Leier: »Aufstehen! Schnell machen! Beeilung!« tönt es erst sanft, dann zunehmend gereizt in etlichen Kinderzimmern. Wiederholt sich täglich das gleiche Ritual, liegen die Nerven bald blank.

Die Uhr interessiert Kinder herzlich wenig. Sich Zeit nehmen, den Gedanken nachhängen, trödeln, das mit Lust und Ruhe tun, was sich gerade ergibt – das ist ihre Sache.

Selbst wenn die Appelle und die Drängeleien der Erwachsenen kurzzeitig wirken und Trödler in Trab versetzen, genügen ein Ball, der ihnen gerade in den Weg kullert, oder eine Zeitschrift, die auf dem Küchentisch liegt, um sie wieder in die alten Verhaltensweisen zurückfallen zu lassen nach dem Muster: Ist doch viel wichtiger, daß ich mich jetzt erst mal mit dem Ball beschäftige oder mit der Zeitschrift. Für Kinder ist das Trödeln keine Zeitverschwendung wie für Erwachsene, für die meist alles Tun sinnvoll und nützlich sein soll, sondern Zeit, die sie sich nehmen – zum Träumen oder zum Erkunden der Welt.

So können Sie gegensteuern:
- Mit den Kindern über das Trödeln sprechen. Das Märchen vom alten Charly und den zerknautschten Zwillingen können Sie als Aufhänger für solch ein Gespräch nutzen. Über Lina sprechen, über die Bredouille, in der sie sich befindet, und Verständnis für ihre Situation zeigen, aber auch für die ihrer Mutter. Gemeinsam suchen Sie dann nach Lösungen, indem Sie auf parallele Situationen in der eigenen Familie hinweisen.
- Darauf achten, daß Kinder ausreichend Zeit für sich selbst haben – Zeit, die sie selbst gestalten können. Sie also nicht von früh bis spät mit »Programmen« eindecken.
- Trödeln die Kinder herum, starren sie Löcher in die Luft, ihr »Nichtstun« bitte nicht abwerten mit Worten wie: »Mach mal was Gescheites!«, sondern ihnen ihre Freiheit lassen.

2. Kapitel

Erste Gruppenerfahrungen

Wenn sich ein Kind
nicht von seinen Eltern trennen mag …

Die Geschichte von Friedo,
dem Klammeräffchen

Es war einmal eine Affenmutter, die hieß Frieda, und ein Affensohn, der hieß Friedo. Die große Frieda und und der kleine Friedo trennten sich nie. Ließ sich Frieda die Sonne auf den Bauch scheinen, thronte Friedo auf ihrer Schulter und ließ sich ebenfalls die Sonne auf den Bauch scheinen. Hielt Frieda ein Schwätzchen mit anderen Affen, hing Friedo an ihrem Hals und schwatzte fröhlich mit. Kletterte Frieda auf einen Baum, hockte Friedo auf ihrem Rücken und kletterte mit. Frieda und Friedo waren nicht nur Affenmutter und Affensohn, sondern auch dicke Freunde. Den beiden ging es einfach gut miteinander: Sie wärmten sich. Sie streichelten sich. Sie tobten zusammen durch die Gegend und hatten viel zu lachen. Ganz selten nur stritten sie.

So vergingen die Tage, die Wochen. Aus dem kleine Friedo wurde langsam ein großer Friedo. Thronte dann der große Friedo auf Friedas Schulter, hing er an ihrem Hals oder hockte er auf ihrem Rücken, kam Frieda jetzt ins Schwitzen und dachte manchmal: »Der Junge ist kein Affenbaby mehr, sondern inzwischen ein ganz schön großer, schwerer Brocken von Jungaffe geworden!« Frieda war mächtig stolz auf ihren Friedo, sagte sich aber immer häufiger: »Ich kann das Kerlchen nicht ewig mit mir herumschleppen. Was ist, wenn er mir zu schwer wird?« Aber diesen Gedanken wischte sie schnell beiseite, denn sie wollte ihren Friedo gerne bei sich behalten.

Thronte nun Friedo auf Friedas Schultern oder hockte er auf ihrem Rücken, begann er zu gähnen und dachte manchmal: »Meine Mutter ist keine junge Affenmutter mehr, sondern inzwischen eine ältere Affendame, etwas schwerfällig geworden.« Friedo hatte Frieda von Herzen lieb, sagte sich aber nun häufiger: »Immer nur sonnen, immer nur schwatzen und auf Bäume klettern, auf die Dauer ist mir das zu langweilig.« Aber weiter mochte er nicht denken, denn er wollte bei Frieda bleiben. So vergingen die Tage, die Wochen. Hatten sie sich bisher wenig gestritten, so mehrten sich jetzt ihre Kräche. Immer häufiger war Frieda unzufrieden mit Friedo und Friedo mit Frieda.

Kira, die Schlange von nebenan, beobachtete die beiden. An einem sonnigen Samstagvormittag schängelte sie sich auf den Ast, auf dem Friedo und Frieda dicht nebeneinander hockten, und zischelte: »Darf ich mal stören, ihr beiden?« Frieda und Friedo nickten: »Was ist?« Kira zischelte: »Mutter und Sohn. Immer zusammen. Schön und gut. Aber irgendwann reicht's. Das Affenkind muß unter andere Affenkinder, die so schnell flitzen, klettern, springen wie es selbst. Es muß neue Erfahrungen sammeln! Und die Affenmutter muß unter andere erwachsene Affen, die auch lieber eine etwas ruhigere Kugel schieben!« Frieda und Friedo sahen Kira nachdenklich an: Hatte die Schlange recht? Sie hatte recht, das war Frieda gleich klar. Friedo konnte das noch nicht erkennen. Das Kind muß in den Affenkindergarten unter andere Affenkinder, dachte Frieda.

Gedacht, getan: Sie meldete Friedo im Affenkindergarten an. Friedo hielt wenig von der Idee. Er wollte sich nicht von Frieda trennen, und er fürchtete sich vor den anderen kleinen, wilden Affen im Affenkindergarten. »Wie soll ich da allein zurechtkommen?« fragte er voller Angst. »Probier's aus«, machte Frieda ihrem Sohn Mut. »Du wirst sehen, es macht mehr Spaß, mit kleinen Affen zu toben als mit deiner Affenmutter. Du wirst dich wohl fühlen im Affenkindergarten!«

Widerstrebend ging Friedo in den Affenkindergarten, fest davon überzeugt, daß er sich hier nicht wohl fühlen würde. Er machte ein Riesenaffentheater, als Frieda ihn dort zurückließ, er brüllte und heulte. Auch Frieda war elend zumute, sie rief: »Ich gehe jetzt einkaufen. Wenn ich fertig bin, schaue ich nach dir!« Als Frieda nach einer Stunde im Affenkindergarten nachschaute, wie es ihrem Friedo erging, sah sie ihn putzmunter zusammen mit anderen Jungaffen auf dem höchsten Baum sitzen. Er winkte Frieda zu und rief: »Mir gefällt's hier gut. Du kannst mich später abholen.«

Tips für Eltern

Vom vierten Lebensjahr an sind Kinder zunehmend an Gleichaltrigen interessiert. Sie streben weg von zu Hause, wollen sich mit anderen Kindern messen und ihr Können erproben. Zusammen mit Freunden möchten sie basteln, malen, bauen, vor allem jedoch um die Wette rennen und toben. Die Zeit ist also reif für den Kindergarten.

Mit dem Einstieg in den Kindergarten verlassen die Drei-, Vierjährigen zum ersten Mal die Geborgenheit der Familie – keine Mami, kein Papi mehr zur Sicherheit im Hintergrund, »für alle Fälle«. Jetzt sind sie auf sich gestellt, müssen sich weitgehend allein durchboxen, und das macht nicht wenigen Kindern erst einmal angst. Deshalb fließen häufig die Tränen, wenn es ernst wird mit dem Eintritt in den Kindergarten. Der Kindergarten-Neuling will sich nicht von Mami und Papi trennen, klammert, findet es jetzt nur noch greulich, neue Kinder kennenzulernen, und weigert sich nicht selten, überhaupt in den Kindergarten zu gehen. Bereiten Mütter und Väter ihr Kind geschickt auf den Einstieg in den Kindergarten vor, bleibt jedoch allen viel Kummer erspart.

So können Sie helfen:
- Im Vorfeld, und zwar frühzeitig, häufiger über den Kindergarten, über die damit verbundene Trennung von zu Hause sprechen. Geschichten dazu erzählen oder vorlesen und darüber reden – zum Beispiel die Geschichte von Friedo, dem Klammeräffchen.
- Vor dem Aufnahmetermin Besuche im Kindergarten machen und selbst noch im Hintergrund, als Rückhalt in der Nähe bleiben. Erst eine Stunde bleiben, dann nach und nach länger.
- Ein Kind, das sich schon auf dem Spielplatz, bei Verwandtenbesuchen oder in den Ferien an »Fremde« gewöhnt hat, lebt sich in der Regel schneller im Kindergarten ein als ein Kind, das nur die Kleinfamilie kennt. Deshalb in der Vor-Kindergartenzeit das Trennen häufiger üben.

Wenn ein Kind
nicht mit anderen teilen will …

Die Geschichte vom grauen Raffgeier

Auf dem staubigen Sandplatz vor der Stadtmauer sitzen zur Mittagszeit zwei Feldmäuse, eine große und eine kleine. Sie sitzen auf einem Kieselstein und blinzeln in die Sonne. Verflixt heiß heute. Kein Lüftchen weht. »Wenn ich jetzt ein Eis hätte, das wäre einfach wunderbar«, seufzt die kleine Feldmaus. »Wäre wirklich nicht übel«, pflichtet ihr die große Feldmaus bei.

»Was ihr herbeisehnt, habe ich schon!« flötet eine Stadtmaus, die jetzt, ein Rieseneis schleckend, in einem Blümchenkleid über den Platz tänzelt. »Würdest du uns eventuell lecken lassen – nur einmal?« fragen aufgeregt piepsend die große und die kleine Feldmaus. »Ich denke nicht daran, mein wunderbares Rieseneis mit euch zu teilen«, tönt die Stadtmaus im Blümchenkleid und wandert extra langsam vor den Feldmäusen auf und ab, von rechts nach links und dann von links nach rechts. Gleichzeitig beißt sie genüßlich in ihr Eis, schleckt und leckt das Sahnehäubchen ab. »Dieses Erdbeer-, Himbeer-, Schokoladensahneeis schmeckt einfach phantastisch gut«, säuselt sie genüßlich. Die kleine Feldmaus wird wütend: »Geh doch weg mit deinem Eis«, schnauzt sie. »Du mußt es uns doch nicht direkt vor die Nase halten, wenn du uns nichts abgeben magst. Das ist gemein!« Die große Feldmaus flüstert der kleinen ins Ohr: »Laß dich nicht ärgern, schau gar nicht hin!«

In diesem Moment flattert ein verzottelter, grauer Geier über den staubigen Platz. Die Mäuse kennen den Geier. Was er findet – egal ob Nägel oder leere Joghurtbecher oder Brotreste oder alte Zeitungen –, alles rafft er an sich und trägt es in sein Nest im Wald hinter der Stadt. Deshalb wird er von allen, von Menschen und Mäusen, Raffgeier genannt. Und alle fürchten den grauen Raffgeier. Die beiden Feldmäuse kreischen laut »Huch«, als sie ihn sehen, und die Stadtmaus läßt vor Schreck ihr Erdbeer-, Himbeer- und Schokoladensahneeis fallen, als sie ihn entdeckt. Mit einem Satz ist der Raffgeier bei dem Eis, schnappt es sich und fliegt auf und davon damit. »Vielen Dank für die Erfrischung!« kreischt er von oben und dreht noch eine Extrarunde über dem Platz. »Hättest du uns was abgegeben, dann …«, sagt die kleine Feldmaus zu der Stadtmaus. »Ach komm, laß sie in Ruhe!« unterbricht sie die große Feldmaus. »Wir legen uns hier auf den Stein, schließen die Augen und träumen von einem wunderbaren Nuß-, Vanille- und Krokantsahneeis.«

Die Stadtmaus im Blümchenkleid steht mitten im Staub und sieht unglücklich aus. Sie fühlt sich gar nicht wohl. Richtig kläglich fühlt sie sich. Was ich da gemacht habe, war keine Meisterleistung, denkt sie. Ob ich das wiedergutmachen kann? Sie versucht es: »Ihr Feldmäuse, ihr habt doch sicherlich Durst? Wollt ihr mit mir nach Hause kommen? Da gibt's was zu trinken. Und vielleicht wollt ihr auch mal die Wohnung einer Stadtmaus sehen!« Und ob das die Feldmäuse möchten. Aus einem Munde sagen sie: »Klar kommen wir mit!« Und dann ziehen die drei fröhlich davon. Die Sache mit dem Eis ist längst vergessen.

Tips für Eltern

Auch ein Kind, das zu Hause keck und munter mit seinen jüngeren Geschwistern umspringt, kann im Kindergarten schüchtern sein. Oder umgekehrt: Wer daheim die stille, kleine Maus ist, kann in der Gruppe plötzlich zur quicklebendigen Rädelsführerin werden. Daß sich ihr Kind in der Kindergruppe völlig anders verhält als zu Hause, können sich Eltern jedoch nur schwer vorstellen.

Zu Hause sind andere Räumlichkeiten, andere Menschen, andere Bedingungen als zum Beispiel im Kindergarten oder bei Freunden oder in der Spielgruppe. Es ist wohl nachzuvollziehen, daß ein Dreikäsehoch zu Hause nicht über Tische und Bänke geht, wenn er weiß, daß seine Eltern wenig davon halten. Im Kindergarten läßt sich das aber durchaus machen, wenn dort mehr Spiel- und Freiraum gelassen wird und andere Regeln gelten.

Um sich besser vorstellen zu können, was sich fern von daheim eigentlich abspielt, sollten Eltern nicht nur mit den Gruppenbetreuern im Gespräch sein, sondern vor allem mit ihrem Kind. Kein Kind erzählt gerne, wenn die Erwachsenen Druck machen (»Nun erzähl doch mal, was heute im Kindergarten los war!«), und erst recht nicht, wenn es ausgehorcht wird (»Warst du auch brav heute?«). Oft reden sie schon bereitwilliger, wenn »ganz allgemein« von einem Thema die Rede ist, zu dem sie aus eigener Erfahrung einiges beitragen können. Wenn sie zum Beispiel eine Geschichte zu hören bekommen, in der manches an das erinnert, was sie selbst schon erlebt haben.

Kinder wissen recht genau, wen sie mögen und wen sie weniger gern mögen oder sogar ablehnen. Im Kindergartenalter wechseln allerdings Vorliebe und Abneigung noch häufig. Zum Alltag im Kindergarten gehört vor allem, daß die Drei- bis Sechsjährigen ihre sozialen Fähigkeiten üben: Wie lerne ich, mich durchzusetzen? Wann muß ich mich zurücknehmen? Wann muß ich mich mit anderen arrangieren, muß abgeben und teilen und wann nicht? Die Kinder lösen ihre Konflikte meistens alleine. Manchmal fliegen auch die Fetzen, bis sich eine Einigung abzeichnet. Je seltener die Erwachsenen eingreifen, desto eher lernen die Streithähne Lösungen zu finden wie »Wir teilen« oder »Wir wechseln ab«. Mit der Zeit finden sie selbst heraus, was ein Kompromiß ist und daß der Klügere wirklich manchmal nachgeben sollte.

Brauchen die Kinder Rückenstärkung durch Erwachsene, melden sie sich in der Regel von sich aus. Eltern oder Erzieherinnen müssen also nicht permanent im Hintergrund lauern, immer auf dem Sprung, um einzugreifen und Streitereien zu befrieden.

So können Sie helfen:
- Kindern die Werte vermitteln, die ihnen in Konfliktsituationen eine Orientierungshilfe bieten können.
- Fragen anregen und beantworten – auch mit Hilfe entsprechender Geschichten –, die sich im Alltag immer wieder stellen:
  - Warum ist es sinnvoll, mit anderen zu teilen?
  - Warum macht es nicht unbedingt zufrieden, alles an sich zu raffen und nichts abzugeben?
  - Was ist eigentlich ein Kompromiß?

Wenn ein Kind
zum Außenseiter abgestempelt wird …

Die Geschichte vom knallgrünen Frosch mit goldgelben Sprenkeln

Der kleine, knallgrüne Frosch ist neu im Frosch-Chor. Zum ersten Mal nimmt er an der Chorprobe teil. »Der Neue sieht witzig aus, ziemlich eigenartig. Wer hat je solch ein giftgrünes Kerlchen gesehen? Wie mit Leuchtfarbe angestrichen. Dazu hat er lauter goldgelbe Sprenkel auf dem Bauch. So ein Fröschlein habe ich noch nie gesehen«, quakt die Vorsängerin und klatscht dem Neuen, dem kleinen Frosch mit goldgelben Sprenkeln auf dem Bauch, einfach patsch, patsch, auf den Kopf. »Der ist ja viel zu jung und viel zu klein, um ordentlich quaken zu könnnen. Der paßt kein bißchen zu uns!« knödelt gleich darauf die dicke alte Fröschin mit den schwarzen Tupfen um die Augen, reißt ihr breites Froschmaul auf und schnappt nach Luft vor Empörung. »Was will dieser kleine Fuzzy von Frosch überhaupt bei uns?« fragt nun ein eleganter Laubfrosch mit großen braunen Glubschaugen. »Garantiert kann dieser Fuzzy nicht richtig laut quaken!« »Kann ich doch«, versucht sich der kleine Frosch zu verteidigen, »ich mag ja noch klein sein, aber ich kann fabelhaft quaken!«

Die anderen Frösche im Frosch-Chor lassen ihn nicht zu Wort kommen. Sie schauen einfach über ihn hinweg und kümmern sich nicht um ihn. Der kleine Frosch hüpft verzweifelt hin und her zwischen seinen Chorbrüdern und -schwestern und denkt: Keiner da, der ein freundliches Wort an mich richtet. Schließlich versteckt er sich hinter dem größten und dicksten Frosch und will von den anderen Fröschen weder gehört noch gesehen werden. Er traut sich nicht, sein Maul aufzureißen, als die Frösche mit ihrem Froschgesang beginnen. Er bleibt einfach stumm. Nach der Chorprobe hüpft er eilig zur Tür. Nichts wie weg von den unfreundlichen, eingebildeten Fröschen.

»Hallo«, quakt es plötzlich leise neben ihm. »Du bist neu bei uns«, stellt ein fröhlicher, junger Frosch fest, der ihn neugierig angrinst. »Woher kommst du, und wo hast du dich versteckt während der Probe? Ich habe dich nicht gesehen!« »Ich habe mich hinter dem großen dicken Frosch in der letzten Reihe versteckt«, antwortet der kleine Frosch. »Ich hatte Angst vor den anderen Chorsängern. Die mögen mich nicht, die wollen mich nicht haben. Denen bin ich zu klein. Mein Knallgrün und die goldgelben Sprenkel auf meinem Bauch gefallen ihnen auch nicht!« »Mach dir nichts draus«, sagt der fröhliche, junge Frosch. »Nicht alle müssen einen mögen! Reicht doch, wenn ein paar da sind, die große Stücke auf dich halten! Mit mir kannst du rechnen. Mir gefallen dein Knallgrün und die gelben Sprenkel auf deinem Bauch! Wir beide, wir halten zusammen!« Dem kleinen Frosch fallen Steine vom Herzen. Er atmet tief durch, bläst seine Backen vor Freude prall auf und quakt tief und laut, er trompetet wie ein Elefant. »Du meine Güte, kannst du toll quaken«, sagt der junge, fröhliche Frosch. »Dich können wir gut gebrauchen in unserem Chor!«

Auch alle anderen Frösche schauen sich jetzt nach dem kleinen knallgrünen Frosch um, der laut wie ein Elefant trompeten kann. Ihnen fallen fast die Augen aus dem Kopf vor Staunen. Alles wieder gut, denkt der kleine Frosch. Die Dinge verändern sich. Plötzlich gibt es einen Hoffnungsschimmer am Horizont. Fröhlich hüpft er mit seinem neuen Freund auf und davon.

Tips für Eltern

In den ersten zwei, drei Lebensjahren ihrer Tochter, ihres Sohnes sind Eltern meist in erreichbarer Nähe: Sie beobachten ihren Sprößling zum Beispiel beim Spielen auf dem Spielplatz oder im Garten bei Freunden – immer sprungbereit, um im »Notfall« einzugreifen. Je selbständiger ihr Sprößling wird, desto häufiger verlieren Mütter und Väter ihr Kind zeitweise aus den Augen und fragen sich manchmal: Bekommen wir überhaupt noch mit, was da läuft? Was spielt sich ab im Kindergarten? Nur auf die Berichte der Erzieher zu vertrauen – reicht das? Erfahre ich frühzeitig, wenn mein Kind Schwierigkeiten hat, in der

Gruppe Fuß zu fassen? Was tun, wenn es sich als Außenseiter fühlt? Viele Eltern haben die Sorge, daß ihr Kind am Rande stehen, vielleicht sogar geärgert werden könnte.

Im Kindergartenalter sind Kinder in der Regel jedoch tolerant – viel toleranter als später zu Schulzeiten. Noch schließen sie schnell Freundschaften – und geben sie meist ebenso schnell wieder auf. Das Gefüge in der Gruppe verändert sich also noch laufend. Deshalb werden Kinder in dieser Phase seltener zum Außenseiter abgestempelt, jedenfalls nicht auf längere Zeit.

So können Sie helfen:
- Mit den Betreuern der Kindergruppe in regelmäßigem Kontakt bleiben. Wird ein Kind aus der Gruppe ausgeschlossen, werden die Eltern meist umgehend von den Betreuern informiert und können gemeinsam mit ihnen Strategien entwickeln, wie die eingefahrenen Positionen verändert werden können.
- Sich Zeit nehmen für Gespräche. Das Kind zum Erzählen animieren und geduldig zuhören. Drei- bis Sechsjährige sind meist noch sehr mitteilsam. Sie erzählen zu Hause, was sie erleben. Und selbst wenn sie verschlossener sind, ist ihnen meist an der Nasenspitze anzumerken, wenn sie Kummer haben. Wird es nach der Ursache seines Kummers gefragt, finden Eltern meist schnell heraus, was ihrem Kind auf der Seele brennt.
- Die Gruppe aus der Ferne beobachten – auf dem Spielplatz zum Beispiel – und sich ein eigenes Bild von der Gruppensituation machen.
- Die Verursacher des Übels herausfinden und versuchen, Kontakt zu ihnen aufzunehmen. Die Kinder eventuell nach Hause einladen.
- Das Problem ansprechen – vor allem mit dem betroffenen Kind. Die Geschichte vom knallgrünen Frosch kann als Aufhänger für solch ein Gespräch dienen.
- Das eigene Verhalten kritisch durchleuchten: Wo ist mein Anteil an diesem Problem? Wie kann ich gegensteuern? Eventuell Hilfe bei einer Erziehungsberatungsstelle suchen.

Wenn sich ein Kind
nicht in die Gruppe eingliedern mag …

Die Geschichte von Katherine und der Fliege Bippo

Katherine sitzt weder bei den Kindern, die am Tisch aus Eierkartons Laternen basteln, noch bei den Kindern, die in der Spielecke hocken und aus Bausteinen Wolkenkratzertürme bauen. Wo steckt Katherine?

Sie hat sich in die Küche verkrümelt, sitzt ganz allein unter dem Küchentisch und spielt mit ihren Händen. Katherine zählt ihre Finger, streckt und reckt sie, wackelt mit ihnen. »Katherine, wo hast du dich versteckt?« Rosie sucht Katherine. Katherine gibt keinen Mucks von sich. Sie hat keine Lust, mit den Kindern zu spielen. Rosie sucht weiter und murmelt vor sich hin: »Warum bloß versteckt sich Katherine alle naselang? Warum will sie nicht mit den anderen spielen?« Warum sie am liebsten alleine ist, das weiß Katherine auch nicht. Aber es ist so: Am liebsten versteckt sie sich. Manchmal steht sie auch bei den Kindern am Tisch oder in der Spielecke und schaut zu, was sie machen. Aber mitspielen? Nein, danke – das ist nicht ihre Sache!

Katherine dreht ihre Hände, schaut sie an. »Schöne Hände hast du. Klein und schmal!« sagt ein dünnes, zartes Stimmchen neben ihr. Katherine schaut sich um. Keiner zu sehen. »Schau auf deine Schuhspitze, dann entdeckst du mich«, sagt das Stimmchen. Auf Katherines Schuhspitze sitzt eine Fliege.

Die Fliege verbeugt sich und sagt: »Ich heiße Bippo und bin auf Brotkrümelsuche. Und warum sitzt du unter dem Tisch?« Katherine sagt: »Weil ich meine Ruhe haben möchte! Ich will nicht mit den anderen spielen!« »Magst du auch nicht mit mir spielen?« fragt die Fliege. Katherine überlegt ein Momentchen und sagt dann: »Doch, ich mag! Was wollen wir machen?« Der Fliege fallen sofort ein paar Spiele ein:

»Du streckst deinen Finger aus, und ich balanciere auf deinem Finger! Oder ich fliege davon, und du rennst hinter mir her. Oder ich verstecke mich, und du suchst mich!«

Zuerst balanciert Bippo geschickt wie ein Seiltänzer auf Katherines ausgestrecktem Zeigefinger. Dann spielen die beiden Verstecken. Bippo krabbelt unter Katherines Blusenkragen. Es dauert lange, bis sie ihn dort findet. Zum Schluß fliegt Bippo davon und ruft: »Los, mir nach – du kriegst mich!« Katherine krabbelt unter dem Tisch hervor, Bippo direkt vor der Nase rennt sie durch die Küche ins Spielzimmer.

Die anderen Kinder staunen nicht schlecht über Katherine, die auf Zehenspitzen durchs Zimmer tanzt, sich dreht und streckt, um Bippo zu erwischen, der vor ihr her fliegt, Achten fliegt, Kreise fliegt und elegante Loopings durchführt.

Die anderen Kinder stehen auf, hüpfen mit, wollen Bippo auch erwischen und lachen sich kringelig, weil es nicht gelingen will. Bippo ist viel zu schnell. Bippo macht einen Riesenschlenker, ruft Katherine zu: »Leider muß ich jetzt nach Hause! Wir sehen uns wieder! Bis dann!« und fliegt zur Tür hinaus.

»Wieso kann diese Fliege sprechen?« fragen die Kinder Katherine. Sie sind sehr beeindruckt. Katherine muß ihnen haarklein erzählen, wie und wo sie Bippo kennengelernt hat. Katherine berichtet von dem Treffen unter dem Küchentisch, macht vor, was sie mit Bippo gespielt hat. Plötzlich macht es ihr Freude, sich mit den anderen Kindern zu unterhalten und mit ihnen zu spielen. Wieso nur hatte sie vorher keine Lust dazu?

Tips für Eltern

Schüchternheit ist in vielen Familien ein Thema. Traut sich ihr Kind nicht, auf andere zuzugehen, zieht es sich im Gegenteil zurück, dann machen sich Eltern schnell Sorgen: Wieso ist mein Kind so schüchtern? Was können wir dagegen unternehmen?

Fachleute sprechen von zwei unterschiedlichen Gruppen schüchterner Kinder:

○ Die einen haben, bedingt durch ihr Temperament, Schwierigkeiten, auf andere Kinder und Erwachsene zuzugehen. Sie ziehen sich lieber zurück, wenn Kontaktaufnahme angesagt ist: »Keine Lust!«
○ Die anderen haben Ablehnung durch andere erfahren, durften nicht mitspielen oder wurden einfach links liegengelassen. Diese Kinder »fressen« ihre Enttäuschung oft in sich hinein, schlagen sich mit Selbstzweifeln herum und schließlich mit Ängsten: »Die nächsten, die ich kennenlerne, werden mich bestimmt wieder nicht beachten!«

So können Sie gegensteuern:
• Stellen Sie sich selbst folgende Fragen: Bin ich selbst schüchtern, unsicher, ängstlich im Umgang mit anderen? Welches Vorbild gebe ich ab? (Kinder orientieren sich an diesem Vorbild.) Kümmere ich mich nicht genug um mein Kind, und ist es deshalb vielleicht verängstigt? Oder sind wir überängstliche Eltern, die ihrem Kind wenig zutrauen, es viel zu oft in Watte packen, statt es zur Selbständigkeit zu erziehen?
• Das Kontaktbedürfnis des Kindes stärken. Es ermuntern und unterstützen, viel zu unternehmen.
• Die Geschichte von Katherine und Bippo kann als Aufhänger für ein Gespräch über Schüchternheit dienen: Warum zieht sich Katherine zurück und spielt nicht mit den anderen Kindern im Kindergarten? Was könnte der Grund für ihre Schüchternheit sein? Und wie kann man einem schüchternen Kind helfen?

Wenn ein Kind
von anderen ausgelacht wird …

Die Geschichte vom Gänseblümchen

Lavendelblau und voll erblüht steht eine langstielige Glockenblume in der weißen Porzellanvase auf der Kommode im Wohnzimmer. Neben ihr prangen aprikosenfarben, zart und duftig eine Wildrose in der Vase und als Dritte im Bunde kerzengerade, schlank und tiefrot eine Cosmea. Zwischen den Blumen stecken lange, grüne Gräser. Frau Meiser ist zufrieden mit dem Blumenstrauß in der weißen Porzellanvase auf der Kommode in ihrem Wohnzimmer. »Sieht edel aus!« sagt sie fröhlich. Das hören die Glockeblume, die Wildrose und die Cosmea gerne. Sie lächeln sich an, und jede denkt für sich: »Ich bin die Schönste von uns allen!«

Kurz nachdem Frau Meiser das Wohnzimmer verlassen hat, springt die Wohnzimmertür auf. Wie ein wüster Wirbelwind fegt Kasimir ins Zimmer. Kasimir, vier Jahre alt, ist der Sohn von Frau Meiser. In seiner rechten Hand hält das Bürschchen ein kleines, reichlich zerzaustes, schon leicht verwelktes Gänseblümchen. Schnurstracks wandert Kasimir über den Parkettfußboden geradewegs auf die Kommode zu und steckt das Gänseblümchen zur Glockenblume, zur Wildrose und zur Cosmea in die Vase zwischen die Gräser. Das kleine Gänseblümchen, wirklich winzig und zart zwischen den anderen, verschwindet fast in der Vase, kann sich jedoch mit letzter Kraft am Rand festhalten. Kasimir macht auf dem Absatz kehrt und wirbelt, die Tür hinter sich zuschlagend, wieder aus dem Wohnzimmer.

Die Glockenblume, die Wildrose und die Cosmea schauen sich an und beginnen sofort laut zu lachen. Sie ächzen und krächzen, biegen sich vor Lachen und schütteln mit den Köpfen. Sie lachen so laut, daß das Gänseblümchen einen gehörigen Schrecken bekommt und sich ängstlich in die Vase duckt. Das Lachen der drei klingt nicht warm und herzlich, sondern schrill und unangenehm, denkt das Gänseblümchen.

Gemein klingt es. Warum lachen sie nur? Die Wildrose prustet: »Steckt
dieser Knabe doch ein nichtssagendes, dünnes, schlappes Gänseblümchen zu uns in die Vase und merkt nicht mal, wie unmöglich das ist.
Völlig unpassend.« »Total daneben. Er hat einfach kein Gespür dafür,
daß dieses kleine Ding lächerlich zwischen uns wirkt! Schließlich sind
wir Edelblumen. Blumen vom Feinsten und keine Feld-, Wald- und
Wiesenblümchen!« kichert die Wildrose in den höchsten Tönen, zitternd vor Aufregung. »Wirklich ein komisches Blümchen, das da zwischen uns geraten ist«, sagt die Cosmea und gackert albern wie ein
Huhn.

Am liebsten würde sich das Gänseblümchen verkriechen, so mies
und klein fühlt es sich in diesem Moment. Ich bin nichts wert! denkt
es und leidet schrecklich darunter, von den anderen ausgelacht zu werden.

Ich könnte mich in die Vase plumpsen lassen, denkt es. Dann wäre
ich verschwunden und müßte das Lachen der Großen nicht länger
hören! Als könnte sie Gedanken lesen, sagt die große, weiße Porzellanvase in diesem Moment: »Nicht in mich hineinplumpsen. In meinem Bauch ist es düster, muffig und kalt. Du bekommst keine Luft
mehr und kannst nicht atmen, da ist kein Licht mehr, und du kannst
nichts sehen. Bleib, wo du bist!« Und dann sagt die Vase laut und deutlich – so laut, daß es alle hören: »Meine Lieblingsblumen waren immer die kleinen Gänseblümchen, denn sie sind anmutig und von
schlichter Schönheit!«

»Und damit sich jeder von dieser Anmut, dieser schlichten Schönheit überzeugen kann, tun wir jetzt einiges, damit dieses kleine Gänseblümchen bestens zur Geltung kommt«, sagt der längste der Gras-
halme, gabelt das Gänseblümchen auf, hievt es vorsichtig in die Höhe
und legt es oben auf seiner Grashalmspitze ab. Fröhlich wippt das
Gänseblümchen auf dem Grashalm hin und her, strahlt und lacht zusammen mit den übrigen Grashalmen und mit der Vase. Sie lachen vor
Vergnügen und nicht, weil sie sich lustig über die drei anderen machen. Glockenblume, Wildrose und Cosmea sind verstummt. Ob sie
sich schämen?

Tips für Eltern

Im Kindergarten- oder Schulalltag ist es gar nicht so selten, daß sich ein Grüppchen der Gemeinschaft zur Führungsmannschaft erklärt, damit Sonderrechte für sich beansprucht und naserümpfend andere, die nicht zu ihrem Grüppchen zählen, niedermachen.

Es ist für Kinder eine bittere Erfahrung, wenn andere hochmütig auf sie herabsehen, sie nicht akzeptieren. Einem kleinen Menschen fällt es schwer, sich der unfairen Angriffe zu erwehren. Wie soll man sich gegen Gemeinheiten aufbegehren? Kleine Kinder kommen mit ihrem Kummer meist noch zu den Großen, erwarten von ihnen Trost und vor allem eine Lösung ihres Problems.

So können Sie helfen:
- Das Selbstwertgefühl Ihres Kindes stärken. Viel loben, viel schmusen und signalisieren: »Ich habe dich lieb! Ich mag dich so, wie du bist!«
- Andere Kinder nach Hause einladen – zum besseren Kennenlernen.
- Viel Zeit mit dem Kind verbringen und vor allem Wert auf Geborgenheit legen.
- Dem Kind die Geschichte vom Gänseblümchen erzählen; vielleicht erzählt es dann, daß es ihm im Kindergarten ähnlich geht …
- Mit den Betreuern im Kindergarten oder mit den Lehrern reden und gemeinsam nach einer Lösung des Problems suchen. Natürlich auch mit den betroffenen Kindern sprechen.

Wenn ein Kind
mit Gewalt die Spiele anderer stört …

Die Geschichte von den sandigen Plüschmonstern

Drei gemütliche Plüschmonster mit Kugelbäuchen und Zottelfell – ein grünes, ein gelbes und ein rotes Monster – haben zusammen am Strand, nur ein paar Meter vom Meer entfernt, eine Sandburg gebaut mit drei Türmen, zwei Balkonen, einem Wassergraben und einer Zugbrücke. Viel Mühe haben die drei sich gegeben und viel Geduld beim Bauen aufgebracht. Stolz stehen sie jetzt ein, zwei Meter entfernt von ihrer Sandburg und betrachten ihr Werk. »Die Burg haben wir bestens hingekriegt!« sagt das rote Plüschmonster und schlägt mit beiden Händen begeistert auf seinen Kugelbauch. Das gelbe und das grüne Plüschmonster nicken beifällig: »Wirklich gut gelungen, diese Burg!«

Plötzlich werden die drei Plüschmonster rüde zur Seite geboxt. Von hinten drängeln sich zwei blaue Wollmonster durch, gräßliche, grantige Schurken mit riesigen, breiten Plattfüßen und spitzen, orangefarbenen Nasen. Sie sehen nicht nur gräßlich aus, sondern benehmen sich auch so. Sie schubsen die Plüschmonster in den Sand. Und dann – klitsch und klatsch, pitsch und patsch – latschen sie mit ihren riesigen, breiten Plattfüßen durch den Sand. Sie würdigen das rote Monster, das grüne Monster und das gelbe Monster keines Blickes, sondern watzen direkt auf die prächtige, mächtige Sandburg zu, werfen sich mit Schwung auf die Burg, zerstören die drei Türme, die zwei Balkone, den Wassergraben und die Zugbrücke. Sie kreischen, sie johlen, sie grölen. Furchtbar hört sich das an. Sie bewerfen die Plüschmonster mit Sand und rennen, immer noch kreischend und johlend und grölend, am Strand entlang.

In diesem Moment kommt eine riesige Meereswelle, schnappt sich beiden gräßlichen, blauen Wollmonster, wirbelt sie in die Luft, fängt sie wieder auf und rüttelt sie, schüttelt sie und wirft sie zurück an den Strand.

Mit offenem Mund sitzen die blauen Wollmonster im Sand und schauen erschreckt aufs Meer. Und auch die Plüschmonster mit den Kullerbäuchen starren verwundert aufs Meer. Was war denn das?

Mit der nächsten Welle wird ein Seelöwe an Land gespült. Der Seelöwe robbt auf die drei Plüschmonster zu und sagt: »Leute, wir haben zu tun. Wir bauen die Burg wieder auf! Ich helfe euch!« Der Seelöwe spuckt in die Flossen und legt los. Die blauen Wollmonster laufen, jetzt lila vor Schreck, auf und davon. Niemand hat sie je wiedergesehen.

Tips für Eltern

Ein Klagelied, das immer häufiger zu hören ist: Die Kinder wüten wie die Vandalen. Sie zerstören Spielzeug, das Mobiliar im Kindergarten, die Spielgeräte auf dem Spielplatz. Gewalt unter Kindern hat es immer gegeben, aber sie nimmt zu, darin sind sich die Fachleute einig.

Eingepfercht in kleine Wohnungen, abgestellt auf öden Spielplätzen, selbst im Kindergarten schon zum Stillsitzen verdonnert, dazu manchmal von ihren überbeschäftigten Eltern kaum wahrgenommen, wissen viele Kinder nicht, wohin mit ihren Kräften. Überall haben Erwachsene Stoppschilder angebracht: »Spielen verboten! Krach machen verboten!« Vor dem Fernseher, vor dem Computer läßt sich die Welt nicht ausreichend erkunden. Selten haben Kinder heute die Möglichkeit, sich so richtig auszutoben und ihr Leben selbst zu gestalten, eigene Erfahrungen zu sammeln und dabei zu erproben, wo sich Grenzen auftun. Kinder treffen heute meist in beengtem, von Erwachsenen geregeltem Rahmen zusammen: in der Musikschule, im Sportverein und so weiter. Der vollgepackte Stundenplan kostet Zeit. Es bleibt kein Freiraum, keine Zeit für soziales Lernen. Geraten diese Kinder jedoch stark unter Druck, brechen manche mit Gewalt die Gesetze der Erwachsenen.

So können Sie helfen, wenn Ihr Kind geärgert, bedroht oder verprügelt wurde:
• Überlegen Sie mit dem Kind gemeinsam, wie es sich im Konfliktfall besser schützen kann: Ist wegzulaufen besser, als sich auseinanderzusetzen mit den

Gegnern? Wie kann man sich wehren? Wo kann das Kind Hilfe finden, wenn es angegriffen wird?

● Alle Betroffenen an einem Tisch versammeln (mit Hilfe der Betreuer im Kindergarten oder Lehrer und anderer Eltern). Versuchen Sie, die Beteiligten miteinander ins Gespräch zu bringen.

So können Sie gegensteuern, wenn Ihr Kind selbst aggressiv ist:

● Dem Kind eine richtige Kindheit gönnen: Es nicht verplanen, sondern ihm möglichst viele Freiräume zugestehen.

● Viel Zeit mit dem Sohn oder der Tochter verbringen. Gemeinsame Unternehmungen anregen. Aber kein Rundum-Programm machen, sondern das Kind weitgehend selbst bestimmen lassen, was es unternehmen möchte.

● Oft miteinander reden. Über die Geschichte von den sandigen Plüschmonstern sprechen: »Was bringt die blauen Wollmonster dazu, sich so wüst zu gebärden? Und wie fühlen sie sich, nachdem sie ihrer Zerstörungswut freien Lauf gelassen haben?«

● Den Medienkonsum einschränken. Kinder, die viel vor dem Fernseher sitzen, werden dauernd mit Gewaltszenen berieselt. Besonders problematisch: In Fernsehserien führt Gewalt oft zum Ziel. Sollen sich Kinder daran orientieren?

Wenn ein Kind
besonders aggressiv ist …

Die Geschichte vom wüsten Ele,
der alle in Schrecken versetzt

Langes braunes Fell, Mordspranken von Bärentatzen, Plastikgewehr im Gürtel, Plastikpistole in der Hosentasche – so zeigt sich Ele auf dem Spielplatz. Ele mit dem braunen Fell und den Mordspranken von Bärentatzen wird von allen gefürchtet. Taucht Ele auf, verziehen sich die übrigen Bären. Will Ele auf dem Bärenspielplatz schaukeln, machen sie ihm sofort Platz und auch, wenn Ele am Klettergerüst turnen will. Alle haben Angst vor den Mordspranken. Ele kann übel zuschlagen, das wissen die Bären. Und er tut es auch, wenn ihm danach ist – mit viel Kraft. Mit ihm ist also nicht zu spaßen, denn Ele wird schnell wütend.

Willi, ein kleiner Schwarzbär, ist neu auf dem Spielplatz. Er kennt hier keinen. Und natürlich hat er auch keine Ahnung, daß es Ele gibt. Willi wandert über den Bärenspielplatz und schaut sich um. Ganz nett. Viele Bären hier – schwarze und braune. Kein schlechter Bärenspielplatz, denkt er. Begeistert steuert Willi auf die leere Schaukel zu. Erstaunlich, daß sie jetzt frei ist. Eben war doch noch eine Menge Betrieb hier.

Die Schaukel ist frei, weil die Schaukler das Weite gesucht haben. Sie haben die Flucht ergriffen, weil nicht nur der kleine schwarze Bär Willi, sondern auch der große braune Bär Ele unterwegs ist Richtung Schaukel. Gleich hinter Willi marschiert Ele. Willi weiß jedoch nichts davon.

Willi steuert auf die Schaukel zu, erreicht sie zuerst, setzt sich auf das Schaukelbrett, hält sich an dem einen Strick rechts und dem anderen links fest und will gerade losschaukeln, als sich Ele, der braune Bär mit den Mordspranken, vor ihm aufbaut und unwirsch befiehlt:

»Weg da! Ich will schaukeln!« Willi läßt sich nicht einschüchtern und sagt: »Wieso? Ich war doch zuerst da. Das siehste doch. Du mußt warten!« »Klar sehe ich das«, antwortet Ele. »Du verschwindest trotzdem. Hier wird gemacht, was ich sage, denn ich bin der Chef aller Bären hier! Hau ab, sonst wirst du dein blaues Wunder erleben!«

Der kleine schwarze Bär Willi haut nicht ab. Willi hat jetzt Angst vor Ele, aber er versucht, sie nicht zu zeigen. Ele schlägt mit seinen Mordspranken zu, gibt Willi mit der Faust einen Stoß in die Magengrube und schubst ihn von der Schaukel. Willi fällt in den Sand. Sein rechtes Knie tut verflixt weh und auch sein Bauch. Er liegt im Sand unter der Schaukel. Sein Fell ist ganz staubig. Was jetzt? Soll er sich wehren? Seelenruhig setzt der große braune Bär Ele die Schaukel in Bewegung. Willi springt auf und stößt Ele von hinten von der Schaukel. Damit hat der große braune Bär nicht gerechnet. Er springt auf und will sich Willi schnappen. Aber Willi rennt weg. Er kann schneller laufen als Ele und entkommt ihm. Vier Bären, zwei kleine schwarze und zwei größere braune, rennen hinter Willi und Ele her. Sie wollen dem kleinen schwarzen Bären Willi helfen. Jetzt trauen sie sich. Zusammen mit Willi können sie Ele klarmachen, daß er nicht der große Bestimmer über sie ist, und wenn er noch so große Bärentatzen hat.

Tips für Eltern

Kinder laufen gerne um die Wette: Wer ist zuerst am Ziel? Oder sie inszenieren Bandenspiele: Wer trickst wen aus? Daß Arme und Beine, Hände und Füße brauchbare Instrumente sind und auch als Waffen taugen, gehört zu den Erfahrungen, die Kinder bei den Tobespielen der etwas ruppigeren Art sammeln. Dazu zählt auch, daß sie lernen: Meine Mitstreiter lassen sich nicht alles gefallen. Sie wehren sich. Aber es gibt Grenzen bei ihren Schlägereien: Wenn ich zu intensiv zuschlage, tue ich dem anderen weh. In der Regel finden Kinder allein heraus, wann Schluß sein muß mit einer Schlägerei und wie sich Konflikte mit friedlicheren Mitteln lösen lassen. Wann aber ist eine Rauferei mehr als Kräftemessen? Wann wird aus einer Keilerei eine zu ruppige Angelegenheit, eine Schlägerei, die beendet werden muß? Immer dann,

○ wenn die Rauferei zu Verletzungen führt,
○ wenn sich ein Kind durch andere bedroht fühlt,
○ wenn körperliche Auseinandersetzungen Alltag, also zum festen Verhaltens-
muster eines Kindes werden.

So können Sie helfen:
● Kinder, die streiten oder raufen, wollen ihre eigenen Kräfte kennenlernen
und ausloten. Oft mischen sich Erwachsene bei jeder Rangelei sofort ein
und bremsen ihren Sprößling: »Hier wird nicht gerauft!« Häufige Folge sol-
cher Verbote: Das Kind verbietet sich zukünftig jedes Anzeichen von Ag-
gression. Also nicht immer gleich auf dem Sprung zum Eingreifen sein, sondern abwarten. Die Situation beobachten und erst eingreifen, wenn sich der
Konflikt zuspitzt.
● Ist Ihr Sprößling nur brav und freundlich, sollte Sie das ebenso zum Nachdenken bringen wie allzu häufige Prügeleien. Besser ist es, den Kindern zu-
zugestehen, daß sie mit anderen ihre Kräfte messen. Ganz normale Rangeleien der harmloseren Art nicht gleich unterbinden.
● Die Ursache überhöhter Aggressivität ist Angst. Eine Frage lautet also: Wie
kann ich meinem Kind seine Angst nehmen? Oft ist es schwer, darauf eine
Antwort zu finden.
● Aggressive Kinder sind unsicher, überfordert. Deshalb ist es auch wichtig,
darüber nachzudenken, wie Sie das Selbstbewußtsein Ihres Kindes stärken
können.
● Nicht selten haben Kinder, die schnell zuschlagen, kein Gespür dafür, wie
weit sie gehen dürfen. Sie brauchen eindeutige Grenzen. Also nicht zu streng
und auch nicht zu nachgiebig reagieren, sondern klar und deutlich mit den
Kindern reden. Die Geschichte vom wüsten Ele als Orientierungshilfe anbieten.
● Ein besonders aggressives Kind ist oft auf Zuwendung aus: Egal wie, mit allen Mitteln – auch mit Gewalt – will es die Aufmerksamkeit seiner Bezugspersonen erlangen. Durch Schimpfen und Strafen läßt es sich nicht davon
abhalten. Gerade wenn ein Kind seinen Eltern Sorgen bereitet, braucht es
die Botschaft: »Wir haben dich lieb. Das heißt aber gleichzeitig noch lange
nicht, daß wir dein Verhalten immer gutheißen!«

- Zuwendung bedeutet auch: miteinander reden und dabei auch das Thema Gewalt ansprechen. Die Geschichte von Ele kann auch als Einstieg in solch ein Gespräch diesen.
- Sich selbst in Frage stellen: Wie löse ich Konflikte? Wie sieht das Vorbild aus, das ich abgebe? Zählen wir vielleicht zu den Eltern, die ihr Kind ermuntern, sich nichts gefallen zu lassen? Oder beziehe ich zu selten Stellung, wenn sich die Kinder prügeln?

Und so sollen Sie sich verhalten, wenn Sie eingreifen müssen, weil sich eine Keilerei zuspitzt:

- Die Schlägerei nicht mit Gewalt vergelten. Sonst heißt das Signal für die Kinder: Die Erwachsenen akzeptieren das, was ich tue, denn sie machen ja das gleiche.
- Gemeinsam mit den Betroffenen nach einer Lösung suchen, wie der Konflikt mit friedlichen Mittel aus der Welt zu schaffen sein könnte.
- Nach einem Ausgleich suchen: Wo können Kinder auf friedliche Art und Weise ihre überschüssigen Kräfte loswerden? Welche Sportarten bieten sich an?

3. Kapitel

In der Schule

Wenn ein Kind
Angst vor der Schule hat …

Die Geschichte vom Bauchwehkind

Alle anderen sind längst über alle Berge, nur Micki hat noch im Klassenzimmer zu tun. Sie sucht ihren Füller. Wo steckt das Ding bloß? Im Federmäppchen kein Füller, in der Jackentasche keiner, unter der Bank keiner. In dem Fach unter der Bank entdeckt Micki ein Durcheinander aus Zetteln, Heften und Schulbüchern und nimmt die Gelegenheit wahr, gründlich aufzuräumen. Die Zettel wandern in den Papierkorb, die Hefte und Bücher in den Rucksack. »Gehe ich eben ohne Füller. Er wird schon wieder auftauchen«, sagt sich Micki und zieht endlich mit Sack und Pack ab: Rucksack auf dem Rücken und Zeichenblock unterm Arm.

Micki schließt die Tür des Klassenzimmers hinter sich und trödelt über den langen Flur im Schulhaus. Vorbei an Klasse 2c, vorbei an Klasse 2b und an Klasse 3a. Alle Klassenzimmertüren sind verschlossen. Kein Mensch mehr zu sehen weit und breit. Aber zu hören: Micki hört zwei verschiedene Stimmen, eine tiefe und eine hohe Stimme. Die hohe erkennt Micki sofort. Das ist die Stimme von Frau Otto. Frau Otto ist Mickis Klassenlehrerin. Und wem gehört die andere Stimme? Micki ist nicht sicher: vielleicht Herrn Glaus, dem Musiklehrer? Oder vielleicht doch nicht? Die Stimmen kommen aus dem nächsten Klassenzimmer. Die Tür des des Raumes ist angelehnt. Micki ist fast dran vorbei, als sie ihren Namen hört. »Mit Micki Möller aus der 2a weiß ich nichts anzufangen«, sagt Frau Otto. Was heißt das, sie weiß nichts mit mir anzufangen? denkt Micki und bleibt lauschend vor der Tür stehen. Mucksmäuschenstill und mit zitternden Knien steht sie da. »Stundenlang sagt Micki keinen Pieps, schaut nur Löcher in die Luft und ist sonstwo mit ihren Gedanken, nur nicht beim Unterricht. Beteiligt sie sich ausnahmsweise doch mal, sind ihre Beiträge nicht gerade toll. Außerdem nuschelt sie so, daß sie keiner versteht.«

Micki will nicht länger zuhören. Leise macht sie sich davon, rennt, so schnell sie kann, aus der Schule. Sie ist wütend und traurig und ängstlich – alles auf einmal. Wieso muß diese Frau Otto so über mich reden? denkt sie. »Sie ist sonstwo mit ihren Gedanken. Ihre Beiträge sind nicht gerade toll. Sie nuschelt!« Jedes Wort, das Frau Otto vorhin gesagt hat, hat sich Micki gemerkt. Und jedes dieser Worte liegt ihr zentnerschwer im Magen. Stimmt doch gar nicht, was Frau Otto erzählt hat, denkt Micki. Ich schaue keine Löcher in die Luft. Ich sage vielleicht nicht viel, aber ich höre zu und verstehe, was sie sagt. Und außerdem nuschle ich überhaupt nicht. Keiner hat bisher gesagt, daß ich nuschle. Alle verstehen, was ich sage!

Keinem Menschen erzählt Micki von der Sache mit Frau Otto. Ihren Eltern erzählt sie nichts, ihren Freunden nichts. In der Nacht träumt Micki von der Schule. Sie träumt, daß sie ganz allein im Klassenzimmer sitzt, hinter einem Stapel Bücher verschanzt, und daß überall im Klassenzimmer kleine Frau Ottos herumkriechen, die miteinander flüstern und kichern. Mindestens zehn kleine Frau Ottos turnen um sie und ihre Bücher herum, und alle lachen sie aus.

Am nächsten Morgen mag Micki nach dem Wecken nicht aufstehen. »Ich habe Bauchweh«, sagt sie und bleibt einfach im Bett liegen. »Ein bißchen Bauchweh oder viel Bauchweh?« fragt Mickis Mutter. »Viel Bauchweh«, antwortet Micki und erklärt, daß sie heute nicht in die Schule gehen kann. Daß dieses Bauchweh nichts mit Magenverstimmung oder Grippe zu tun hat, ahnt Mickis Mutter schon. »Fühlst du dich nicht wohl, hast du Kummer?« fragt sie. Micki hat keine Lust auf Fragen, und nach antworten ist ihr nicht. Warum sie Bauchweh hat, weiß sie schließlich auch nicht. Keine Ahnung. Eins weiß sie aber genau: Sie mag nicht zur Schule gehen, schon gar nicht zu einer Frau Otto, die mit anderen über sie spricht!

Die Mutter überredet Micki, zur Schule zu gehen: »Das Bauchweh wird sich wieder geben. Du wirst sehen, schon auf dem Schulweg, wenn du deine Freundinnen triffst, werden sich die Bauchschmerzen in Luft auflösen!« Schließlich rafft sich Micki auf: »Also gut, dann gehe ich eben!« Schlecht gelaunt erscheint sie beim Frühstück und ißt ihr

Müsli – trotz Bauchweh. Das Kind hat prima geschlafen, sieht prima aus, ißt prima – was steckt bloß hinter diesem eigenartigen Bauchweh? Mickis Mutter macht sich Mut: Jetzt warten wir erst einmal ab!

Am nächsten Tag wiederholt sich die Geschichte. Wieder mag Micki nicht aufstehen. Wieder leidet sie unter Bauchweh. Diesmal wird Micki nicht überredet, doch zur Schule zu gehen. Micki darf gemütlich mit ihrer Mutter frühstücken – ohne Blick auf die Uhr. Ohne »Komm, du mußt los, ab zur Schule!«. Diesmal nervt es Micki auch nicht, daß ihre Mutter während des Frühstücks so viele Fragen stellt – vor allem Fragen nach der Schule. Sie fragt nach den Freunden und Nicht-Freunden in der Klasse, fragt nach Frau Otto. Eigentlich will Micki die Geschichte von dem verlorenen Füller und dem Gang über den Schulhausflur gar nicht erzählen. Sie scheint aber doch wichtig zu sein, denn plötzlich erzählt Micki die gesamte Geschichte. Wort für Wort erzählt sie die ganze Sache. Genau erinnert sie sich an jedes Wort, und mit dem Erzählen sind die Wut, der Kummer und die Angst wieder da. Micki beginnt zu weinen und sagt: »Was Frau Otto gesagt hat, ist nicht richtig. Das stimmt nicht! Wieso sagt sie so etwas über mich? Wieso mag mich Frau Otto nicht? Was habe ich ihr getan?« Und dann erzählt sie auch noch von dem Traum mit den vielen kleinen Frau Ottos, die sie ausgelacht haben.

Die Mutter hört zu, trocknet Mickis Tränen und gibt ihr recht: »Draußen auf dem Flur stehen und alles mit anhören – eine scheußliche Situation. Mich hätte die ganze Geschichte auch verletzt, wütend und traurig gemacht! Willst du nicht mit Frau Otto reden, ihr alles erzählen und sie fragen, warum sie so über dich gesprochen hat?« Sofort bekommt Micki wieder Bauchweh. »Lieber nicht. Ich traue mich nicht, weiß nicht, was ich sagen soll!« Mickis Mutter kennt einen Ausweg: »Wir könnten das Problem gemeinsam mit Frau Otto besprechen!« Micki ist einverstanden, wenn auch schweren Herzens: »Was soll ich ihr bloß sagen?«

Noch am selben Tag reden Micki und ihre Mutter mit Frau Otto. Micki erzählt ihrer Lehrerin die ganze Geschichte. Laut und deutlich spricht Micki und nuschelt extra nicht. Frau Otto sagt zum Schluß: »Wer heimlich lauscht, bekommt zu hören, was für ihn nicht bestimmt ist!« Schon ist der ganze Mut verflogen. Micki weiß nicht, was sie jetzt sagen soll. Ganz klein und mickrig fühlt sie sich neben Frau Otto. »Wieso lauschen und wieso heimlich – das Kind konnte doch gar nicht umhin, ihnen zuzuhören«, wirft Mickis Mutter jetzt ein. »Warum haben Sie eigentlich nie mit meiner Tochter über diese Probleme gesprochen? Oder warum haben Sie mich nicht informiert?« Plötzlich erkennt Micki, daß Lehrer nicht alles richtig machen, nur weil sie Lehrer sind. Lehrer sind nicht unbedingt klüger als Kinder und Mütter und Väter. Sie haben nicht immer und in allem recht.

Während Micki das Gespräch zwischen ihrer Mutter und Frau Otto verfolgt, merkt sie, daß sie kein bißchen Bauchweh mehr hat. Und mit dem Bauchweh sind auch ihre Wut, ihre Traurigkeit und ihre Angst verschwunden.

Tips für Eltern

Die Schule ist ein einziges großes Muß für Kinder: Sie müssen hingehen, müssen morgens pünktlich erscheinen, müssen stillsitzen, aufpassen, Hausaufgaben machen. Kinder wehren sich nicht selten gegen die Dauerdressur und den Zwang. Manchmal gehen sie auf Tauchstation, träumen sich aus dem Fenster hinaus wie zum Beispiel Micki und signalisieren: »Ich bin gar nicht richtig da!« Oder sie denken nicht daran, das zu lernen, was sie lernen sollen, und verweigern die Hausaufgaben. Oder sie machen nur Blödsinn. Oder gehen nur noch mit Angst und Bangen zur Schule. Wohl in seiner Haut fühlt sich kein Kind, das Schulprobleme hat, denn das macht jeden Alltag zu einem elenden Streß.

So können Sie helfen:
• Das Selbstwertgefühl der Kinder stärken: loben, loben, immer wieder loben. Lob ist oft angebracht, in der Regel häufiger, als Mütter und Väter es im Alltagstrubel wahrnehmen. In Schulzeiten ist ein Lob oft von besonderer Bedeutung, denn es ist keine Seltenheit, daß Kinder in der Schule in erster Linie Mißerfolge einsammeln, statt aufgebaut zu werden. Deshalb ist es um so

wichtiger, daß Eltern die Lehrermeinung nicht ungeprüft übernehmen, nicht verstärkt in das gleiche Horn blasen, sondern einen Gegenpol setzen und ihrem Kind das Gefühl vermitteln: »Du bist in Ordnung! Wir halten zu dir!« (Das heißt aber nicht, daß es nicht ab und zu etwas zu meckern gibt.)

- Den Kindern Optimismus vermitteln in Sachen Schule: Trotz der Schulpflicht, trotz der Zensuren und Versetzungszeugnisse ist niemand dem System wehrlos ausgeliefert. Mehren sich Schulschwierigkeiten, können Eltern und Kinder gemeinsam etwas dagegen unternehmen. Sie sitzen nicht in der Falle oder am kürzeren Hebel, das sollten Kinder wissen. Auch mit Lehrern läßt sich reden – jedenfalls meistens.
- Vor Kindern sollten Sie die Schule nicht als Machtblock darstellen, als feindliche Bastion, gegen die es zu kämpfen gilt, sondern als Gebilde, in dem nicht nur Lehrer etwas zu sagen haben, sondern auch Schüler und Eltern jede Menge Rechte haben, die sich nutzen lassen. Keine Fronten aufbauen, sondern Zuversicht ausstrahlen: »Es wird schon möglich sein, gemeinsam mit den Lehrern anstehende Probleme zu lösen! Und wenn nicht, dann findet sich ein anderer Weg!« Was sich leicht sagt, läßt sich allerdings nicht immer so einfach in die Tat umsetzen. Für Kinder besonders wichtig: Sie brauchen eine Perspektive.
- Nicht jedes Kind packt zu Hause gleich seine Schulerlebnisse auf den Tisch. Irritiert registrieren viele Eltern, vor allem wenn sie zu spüren glauben, daß eben nicht alles glattläuft im Unterricht, wie wenig mitteilsam ihre Schützlinge sind in Sachen Schule. Anhand einer Geschichte (zum Beispiel der Geschichte von Micki) gelingt es doch manchmal, den Knoten zu lösen. Plötzlich reden die Kinder und berichten sogar von eigenen Erfahrungen – die Absicht der Eltern, sie auf diese Weise zum Erzählen bringen zu wollen, darf allerdings nicht zu deutlich im Raum stehen.
- Die Lehrer nicht zu großen Schreckgespenstern machen. Gemeinsam überlegen, welchen Anteil das Kind an den Schulschwierigkeiten haben könnte, und versuchen, das Problem anzugehen – vielleicht auch mit Hilfe der Lehrer.

Die Geschichte von den beiden Schwatzdrosseln

Zwei und zwei sind vier!« erklärt der Lehrer, der, ein Stück Kreide in der Hand, vor der Tafel auf und ab wandert und seine Schüler nicht aus den Augen läßt. Die Ente, die in der ersten Reihe sitzt, hat ihre Augen halb geschlossen. Na, die schläft gleich, denkt der Lehrer. Aber dafür ist die Gans ganz Ohr, die gleich neben der Ente sitzt. Der Uhu aus der dritten Reihe beißt in sein Pausenbrot. Der Uhu will einfach nicht kapieren, daß das Brot in der Pause verzehrt wird und nicht während des Unterrichts. Die Drosseln reden natürlich wieder, denkt der Lehrer. Wetten, daß sie nachher keinen Dunst davon haben, daß zwei und zwei vier sind?

Daß zwei und zwei vier sind, interessiert die beiden Drosseln wirklich herzlich wenig. Die Rechnerei ist ihnen schnurz- und piepegal. Zahlen sind öde, stinklangweilig. Wozu sich mit Zahlen beschäftigen, wenn man sich statt dessen das Neueste vom Tage erzählen kann. »Weißt du schon …«, flüstert die ältere Drossel der jüngeren ins Ohr, »weißt du schon, daß der blaue Wellensittich von der Frau Kruse aus der Richtergasse verschwunden ist?« Die jüngere Drossel macht große Augen und sagt: »Die arme Frau Kruse!« »Sie hat die Käfigtür offen stehenlassen«, fährt die ältere Drossel fort. »Und da ist es geschehen. Schwupp, war er weg. Er ist weggeflogen. Weg durchs offenstehende Fenster!« Die jüngere Drossel stellt sich vor, wohin der blaue Wellensittich geflogen sein könnte. Und was sie sich vorstellt, muß sie der älteren Drossel natürlich sofort flüsternd mitteilen: »Der blaue Wellensittich sitzt vielleicht gerade in einer Konditorei und knabbert Kuchen!« Sie hat noch eine bessere Idee: »Der blaue Wellensittich hat sich ein Nest auf dem Hut einer Dame gebaut!« kichert sie. Der älteren Drossel gefällt die Vorstellung. Munter schwatzt sie zurück – daß sie im Unterricht sitzt, daß sie mucksmäuschenstill zuhören und rechnen sollte, vergißt sie darüber total.

Die Schwatzdrosseln lachen und spinnen die Geschichte vom blauen Wellensittich und Frau Kruse weiter aus. Weil sie schwatzen und schwatzen, immer lauter krakeelen, ist die Ente aus der ersten Reihe aufgewacht. Neugierig schaut sie sich nach den Schwatzdrosseln um: Was ist denn da hinten los? Die Gans mag dem Lehrer auch nicht länger zuhören und schaut sich ebenfalls neugierig nach den Schwatzdrosseln um. Und selbst der Uhu hat sein Brot vertilgt und will wissen, was los ist. »Was gibt's da zu kichern?« »Erzählt uns, was euch so erheitert!« sagt der Lehrer. »Ich möchte wetten, es sind nicht die Rechenaufgaben, die euch zum Lachen bringen!« Die ältere Drossel schweigt. Die jüngere Drossel stupst sie an und sagt: »Nun erzähl schon!« Jetzt bekommen alle die Geschichte von Frau Kruse aus der Richtergasse und dem blauen Wellensittich zu hören. Während die Schwatzdrosseln noch erzählen, klingelt es: Die Stunde ist vorbei. Beim Hinausgehen aus dem Klassenzimmer sagt der Lehrer zu den Schwatzdrosseln: »Viel gelernt habt ihr heute nicht!« »Aber wunderbar geschwatzt!« rufen ihm die Schwatzdrosseln nach.

Nach der Schule wartet der Uhu bei den Fahrradständern auf die Drosseln. »Ich habe etwas für euch!« sagt er und zieht vier Körner aus der Tasche: »Ich verkaufe euch die Körner! Zwei Körner kosten zehn Pfennige, dann kosten vier Körner dreißig Pfennige.« Die Drosseln freuen sich über den Handel, futtern begeistert Körner – jede bekommt zwei –, kramen dreißig Pfennige aus ihrer Schultasche, geben dem Uhu das Geld und flattern fröhlich davon.

Der Uhu steckt das Geld ein, grinst sich eins und denkt: Vielleicht hätten die Drosseln doch besser im Unterricht beim Rechnen aufpassen sollen, denn dann wüßten sie, daß ich sie übers Ohr gehauen habe. Habe ich nicht gesagt, daß man für zehn Pfennige zwei Körner bekommt? Für dreißig Pfennige gibt es sechs Körner und nicht vier, liebe Drosseln. Das haben sie nun davon, daß sie nicht aufgepaßt haben. Sie können nicht rechnen – nicht im geringsten! Die beiden werden schon noch merken, daß das auf die Dauer nicht gerade vorteilhaft für sie ist. Aber vielleicht werden sie ja aus Schaden klug, denkt der Uhu. Er hat ein schlechtes Gewissen, weil er sie ausgetrickst hat.

Tips für Eltern

Wer mit ihnen die Warum-Phase durchgemacht hat, weiß, wie neugierig Kinder sind. Warum leben Kaulquappen auch in Pfützen? Warum kann ein Flugzeug fliegen? Mit ihren Fragen löchern sie Mutter, Vater – alle. Und weil Eltern kein wandelndes Lexikon sind, weil sie oft reichlich erschöpft sind von den vielen Warum-Fragen, freuen sie sich, daß sie bald nicht mehr allein zuständig sind für Bildungssachen. Wie gut, daß das Kind in die Schule kommt, da wird sein Wissensdurst gestillt, denken viele. Nicht immer wird er gestillt. Denn geht das Kind erst einmal zur Schule, ist die Neugier nicht selten schnell dahin. Die Schule enttäuscht sie. Die Lernbereitschaft vergeht ihnen schnell: Plötzlich hält sich der Wissensdurst in Grenzen. Und jetzt heißt es zu Hause nur noch: »Alles langweilig in der Schule!« Langweilige Lehrer, langweilige Bücher. Der Reiz »Ich kann lesen, schreiben, rechnen« ist bei vielen bald passé. Statt dessen beginnt die große Schlamperei. Alle Schulpflichten werden, wenn überhaupt, zu Hause nur noch husch husch, ganz fix erledigt. Und weil der Unterricht langweilig ist, wird während der Schulzeit für Spannung gesorgt, das heißt: Spaß haben, lieber Blödsinn machen, schwatzen, mit Papierkügelchen werfen, die Nachbarn ablenken.

So können Sie gegensteuern:
- Nicht mit dem Kind gemeinsame Sache, Front gegen die Schule machen (»Du hast ja recht, Schule kann wirklich öde sein!«), sondern möglichst mit Lehrerin oder Lehrer an einem Strang ziehen und überlegen, was zu tun ist gegen die Schulmüdigkeit.
- Dem Schulfrust entgegenwirken: dem Kind nachmittags viel Bewegungsfreiheit lassen – »damit du dich zu Hause austobst und nicht in der Schule!«
- Nicht schimpfen und strafen, wenn Beschwerden aus der Schule kommen, sondern mit dem Kind darüber sprechen, daß zur Schule gehen auch be-

deutet: »Ich kann nicht nur tun, was ich will!« In der Schule gelten Regeln, an die sich die Schüler wenigstens in etwa halten sollten. Über den Sinn (manchmal allerdings auch Unsinn) dieser Regeln in der Familie miteinander sprechen. Zeigen Sie Verständnis dafür, daß es häufig so schwer fällt, die eigenen Bedürfnisse im Schulalltag zurückzustellen und sich in den Schulbetrieb einzuordnen – vor allem, wenn man vieles für wenig sinnvoll hält.

- Über den Sinn des Lernens sprechen – nicht mit dem erhobenen Zeigefinger, sondern anhand von Beispielen, etwa der Geschichte von den Schwatzdrosseln.
- Nicht dabeisitzen, wenn das Kind Hausaufgaben macht, und so zum Aufsichtspersonal werden, sondern das Kind ermuntern, möglichst selbständig zu arbeiten. Im Hintergrund bleiben und für Fragen zur Verfügung stehen, aber nicht als Hilfslehrer Tag für Tag die Hausaufgaben mit erledigen.
- Nach getaner Arbeit einen gründlichen, aber nicht zu strengen Blick auf die Hausaufgaben des Kindes werfen und das Loben nicht vergessen – zum Beispiel für den Einsatz, die Konzentration oder auch für das Ergebnis der Mühen.

Wenn ein Kind
seine Hausaufgaben nicht machen will …

Die Geschichte von Maxe
und dem Nashorn

Wer mag schon Hausaufgaben machen? denkt Maxe. Ich jedenfalls nicht! Wieso muß ich unsere Schule malen, wenn ich nicht
malen will? Wieso soll ich eine Reihe B, B, B schreiben, wenn ich nicht
schreiben will?

Maxe kaut auf seinem Bleistift. Viel lieber als Hausaufgaben zu machen, würde er jetzt Fußball spielen. »Maxe, wie weit bist du?« ruft
Maxes Mutter aus der Küche. »Hast du deine Schule schon gemalt und
deine Bs geschrieben? Ich komme gleich und sehe mir an, was du gemacht hast!« Auch das noch, denkt Maxe. Noch gar nichts habe ich gemacht. Maxe schaut auf das leere, weiße Blatt Papier, das auf dem
Tisch vor ihm liegt. Plötzlich erscheint auf dem weißen Blatt Papier
ein friedliches, heiteres Nashorn. Es lächelt Maxe fröhlich an und sagt:
»Wird heute wohl nix mit deinen Hausaufgaben. Laß die Hausaufgaben Hausaufgaben sein. Komm lieber mit. Ich zeig' dir was!« Das
läßt sich Maxe nicht zweimal sagen. »Ich komme!« ruft er und springt
auf.

Das Nashorn wackelt vorneweg, Maxe hinterher. Zuerst läuft das
Nashorn über eine Ebene: nur grauer Staub, ab und zu ein Stein, ein
wenig Grünzeug, schon leicht vertrocknet. Durch diesen grauen Staub
laufen – ob das so viel toller ist, als Hausaufgaben zu machen? In Maxe
steigen Zweifel hoch. Zweifel, die das Nashorn gleich zerstreut. Es sagt:
»Siehst du den Hügel? Hinter dem Hügel ist unser Ziel!« »Den Hügel
sehe ich«, sagt Maxe. »Aber welches Ziel steuern wir an?« fragt er. »Laß
dich überraschen«, meint das Nashorn. Na gut, denkt Maxe, frage ich
eben nicht weiter. Endlich erreichen die beiden den Hügel, grau und
steinig liegt er vor ihnen. Das Nashorn klettert vorneweg, macht Maxe

Mut, der schnaufend hinter ihm her klettert: »Noch ein paar hundert Meter, dann haben wir's!«

Es dauert wirklich nicht lange, schon stehen die beiden oben auf dem Hügel und schauen auf eine grüne Ebene: grüne Bäume und saftige grüne Wiesen, so weit das Auge reicht. Und mitten in der Wiese ein Teich. Rund um den Teich Zebras, Elefanten, Gnus, Antilopen und viele Vögel in bunten, schillernden Farben. »Na, was sagst du?«, fragt das Nashorn. Maxe ist überwältigt: »Phantastisch! Märchenhaft schön!« »Dann nimm Anlauf«, feuert ihn das Nashorn an, »wir spurten um die Wette zum Teich. Wer springt zuerst ins Wasser?«

»Maxe, wie sieht es mit deinen Hausaufgaben aus?« fragt die Mutter, die Maxe jetzt über die Schultern schaut. Maxe sitzt nach wie vor an seinem Tisch, und vor Maxe liegt ein weißes Blatt Papier auf dem Schreibtisch. Nichts ist darauf zu sehen. »Noch nicht viel!« meint Maxes Mutter und spornt ihn an: »Nun aber in die Startlöcher, mein Lieber. Der Nachmittag ist fast vorbei!«

Maxe ist enttäuscht, daß das Nashorn verschwunden ist und mit dem Nashorn die grünen Bäume, die saftig grüne Wiese, der Teich und die Elefanten, Zebras, Gnus, Antilopen und die bunt schillernden Vögel. Er nimmt einen grünen Stift in die Hand und beginnt zu malen. Dann braucht er einen blauen, einen schwarzen und einen roten Stift. Angestrengt malt Maxe. Nach einer halben Stunde ruft er seine Mutter. »Schau mal, was ich gemalt habe!« Stolz zeigt er ihr sein Bild. Auf dem Bild ist eine saftig grüne Wiese zu sehen mit vielen grünen Bäumen. Und mitten in der Wiese befindet sich ein Teich. Rund um den Teich stehen Zebras, Elefanten, Gnus, Antilopen und viele Vögel in bunten, schillernden Farben. Maxes Mutter staunt: »Ein wunderschönes Bild hast du gemalt. Aber nicht deine Schule, die du solltest du doch malen.« »Macht nichts«, sagt Maxe. »Dieses Bild gefällt mir viel besser! Und meiner Lehrerin gefällt es bestimmt auch!« Mal abwarten, denkt Maxes Mutter. »Vergiß aber deine Reihe Bs nicht!« ermahnt sie ihn.

Tips für Eltern

Schulkindern bleibt nachmittags nicht mehr viel Zeit zur freien Verfügung. Nach dem langen Stillsitzen morgens in der Schule heißt es nachmittags schon wieder stillsitzen und Hausaufgaben erledigen. Kein Wunder, daß sich die Bereitschaft, zu Hause gleich wieder mit Schuldingen loszulegen, bei vielen Kindern in Grenzen hält. Die Hausaufgaben sind nur eine Last.

So können Sie helfen:
- Manche Kinder brauchen nach der Schule erst einmal eine Verschnaufpause, bevor sie wieder loslegen und Hausaufgaben machen. Sie müssen Abstand gewinnen, sich austoben und spielen und sind am späteren Nachmittag eher in der Lage, sich wieder auf ihre Bücher zu konzentrieren. Andere Kinder müssen sich gleich nach dem Mittagessen ans Werk machen, denn je später der Tag, desto größer ist für sie die Anstrengung, desto schlechter können sie sich konzentrieren. Gegen Abend sind sie viel zu müde, um noch zu lernen. Für sie ist ganz wichtig: Erst die Pflichten abhaken und danach richtig frei haben. Für Eltern besteht das Kunststück darin, herauszufinden, was für ihr Kind zutrifft. Flexibel zu reagieren und nicht starr nach Schema F mit dem Thema Hausaufgaben verfahren.
- Das Selbstvertrauen des Kindes stärken beim Hausaufgabenmachen. Es ermutigen. Viel loben – aber nur, wenn das Lob auch angebracht ist. Kinder haben ein feines Ohr für »falsche« Töne.
- Die Leistung des Kindes anerkennen, auch wenn sie vielleicht nicht in allem den Erwartungen der Schule entspricht.
- Dem Kind die Stange halten. Ihm Mut machen bei den Hausaufgaben. Ihm weiterhelfen, wenn es steckenbleibt und nicht weiterkommt. Aber nicht wie ein strenger Zerberus im Hintergrund lauern und voreilig eingreifen.
- Gegensteuern: dafür sorgen, daß das Kind einen Ausgleich zum vielen Stillsitzen erfährt.
- Die Geschichte von Maxe und dem Nashorn erzählen und gemeinsam darüber sprechen.

Wenn das Kind
seine Schulsachen dauernd vergißt …

Die Geschichte vom weißen Kaninchen

Die grauen Kaninchen sind fabelhafte Schüler. Morgens rücken sie immer pünktlich in der Schule an mit ordentlich gepackten Schultaschen und noch ordentlicher gemachten Hausaufgaben. Ihre Federmäppchen sind aufgeräumt, und ihre Hefte sehen picobello aus. »Eine wahre Pracht«, sagt die Lehrerin. Und natürlich sind die grauen Kaninchen auch während des Unterrichts ganz bei der Sache, spitzen ihre Kaninchenohren und beteiligen sich eifrig. Ihnen gefällt die Schule.

Zwischen den grauen Kaninchen hastet jeden Morgen ein weißes Kaninchen zur Schule. Es trudelt immer ein wenig später ein als die anderen. Manchmal kommt es auch richtig zu spät in die Schule. Im Gegensatz zu den grauen Kaninchen hat das weiße Kaninchen seine Schultasche nie ordentlich gepackt. Alles fliegt in der Tasche durcheinander: Bananenschalen, Hefte, Radiergummi, alte Briefumschläge, Turnschuhe – ein richtig übler Verhau, kann man nur sagen. Die Hausaufgaben sehen auch nicht besonders gut aus. Schief und krumm stehen die Buchstaben im Heft. Und die Zahlen bei den Rechenaufgaben tanzen ebenfalls aus der Reihe. Meistens fehlt die Hälfte der Hausaufgaben. Man kann sich schon denken, daß weder sein Federmäppchen besonders gut aufgeräumt ist noch seine Hefte ordentlich aussehen. Das Federmäppchen ist übersät mit Tinten- und Filzstiftklecksen, die Hefte haben hundert Eselsohren und Fettflecke. Außerdem hat das weiße Kaninchen ein Problem: Es vergißt immer die Hälfte seiner Bücher zu Hause. Die Lehrerin findet das überhaupt nicht komisch.

Während des Unterrichts hört das weiße Kaninchen außerdem nicht zu. Es klappt seine Ohren zu, guckt aus dem Fenster, zählt die Wolken am Himmel und hängt seinen eigenen Gedanken nach. »Weißes

Kaninchen, du machst mir wirklich Sorgen«, sagt die Lehrerin. »Du hast keine Ordnung in deinen Dingen und bist viel zu schluderig! Außerdem paßt du nie im Unterricht auf!« Das weiße Kaninchen sagt: »Ich gebe mir doch Mühe. Aber ich schaffe es einfach nicht, pünktlich und ordentlich zu sein, an alles und jedes zu denken und mich am Unterricht zu beteiligen!« »Und warum schaffst du das nicht?« fragt die Lehrerin. »Weil ich Wichtigeres im Kopf habe als die Schule«, meint das weiße Kaninchen. Jetzt spitzt die Lehrerin die Ohren: »Was soll wichtiger sein als Schule?« Das weiße Kaninchen sagt: »Abenteuer erleben! Losflitzen, herumrennen und durch die Gartenzäune in fremde Gärten gucken. Nachschauen, was die Menschen machen.«

Die Lehrerin will dem weißen Kaninchen klarmachen, daß auch die Schule ein Abenteuer sein kann. »Du darfst in der Schule zwar nicht über Bänke und Tische hüpfen, bekommst aber spannende Geschichten erzählt! Geschichten über die Steinzeit und die Dinosaurier, über den Urwald und die Wüste, über Seelöwen und Dromedare! Du mußt nur zuhören!« Nachdenklich schaut das Kaninchen die Lehrerin an. Vielleicht hat sie ja doch recht. Vielleicht sollte ich einen Versuch wagen und mal zuhören – könnte ja sein, daß das wahr ist mit den Abenteuern!

Tips für Eltern

Von Kindern, die zur Schule gehen, erwarten Eltern ein gehöriges Maß an Selbständigkeit. Für sie ist es selbstverständlich, daß ihre Tochter, ihr Sohn nun ein gutes Stück Verantwortung für sich selbst übernimmt. Jetzt steht kein Erwachsener mehr abrufbereit im Hintergrund, um dafür zu sorgen, daß die Turnschuhe nach der Sportstunde wirklich wieder im Turnbeutel landen, die Hausaufgaben im Hausaufgabenheft vermerkt werden und das Kind eine Mütze aufsetzt, wenn es im Winter die Schule verläßt.

Nicht nur die Eltern, sondern auch die Lehrer haben dazu noch ein Bündel Extra-Erwartungen an den Schüler. Am Unterricht soll er sich beteiligen und sonst möglichst stillsitzen und alles aufnehmen, verarbeiten, was gesagt wird. Dazu haben auch die anderen Kinder ihre genauen Vorstellungen: Lustig soll der Mitschüler sein, bloß nicht zu eifrig im Unterricht und so weiter.

Meistens kommen reichlich viele und unterschiedliche Erwartungen zusammen, denen sich ein Kind während der Schulzeit ausgesetzt sieht. Kein Wunder, daß es oft Schwierigkeiten mit sich bringt, alles zu ordnen: Was ist eigentlich sehr wichtig, was weniger? Vor allem die sensibleren Gemüter tun sich oft schwer damit.

Und wenn das nicht klappt, was klappen müßte, wenn der Schüler regelmäßig die Hälfte seiner Schulsachen zu Hause vergißt, das Schulische einfach nicht auf die Reihe bekommt und es dazu nicht schafft, sich auf den Unterricht zu konzentrieren?

So können Sie helfen:
- Kinder gewöhnen sich nicht sofort an die Schule. Manches braucht einfach Zeit. Und mit dem Schuleintritt müssen nicht nur Kinder dazulernen, sondern auch die Eltern. Zum Beispiel müssen sie lernen, Geduld zu haben und ihr Kind nicht dauernd mit großen Erwartungen zu betrachten.
- Wollen Eltern dauernd mitmischen, ihren Sprößling umsorgen, alles Üble von ihm fernhalten, dann kann er nicht lernen, sein Leben selbst zu organisieren. Überbehütete Kinder haben mehr Schwierigkeiten, sich in der Schule einzugewöhnen. Es dauert länger, bis sie kapieren, daß Mami und Papi nicht mehr permanent parat stehen, um alles zu richten.
- Kinder, die frühzeitig lernen, ihre Tage zu gestalten, und viel Freiräume haben, lernen gleichzeitig, dem eigenen Können zu vertrauen und ihren Alltag frühzeitig allein zu organisieren.
- Die Geschichte vom weißen Kaninchen, das einfach nicht verstehen will, daß in der Schule besondere Regeln gelten, kann als Aufhänger dienen für ein Gespräch zwischen Eltern und Kind, wenn sich im Schulleben Schwierigkeiten ergeben. Vielleicht ist es möglich, eine gemeinsame Strategie zu entwickeln: »Wie kann es uns gemeinsam gelingen, die Probleme aus der Welt zu schaffen?«
- Bitte kein Drama daraus machen, wenn das große Durcheinander ausbricht, sondern statt dessen Zuversicht ausstrahlen. Das wird schon noch. Das Problem läßt sich lösen.

Wenn ein Kind
seine Mitschüler fürchtet …

Die Geschichte von Rudi Rallalla und dem Mond

Rudi wird von seinen Eltern Rudi Rallalla genannt, weil er immer gut gelaunt ist. Morgens verläßt Rudi munter vor sich hin pfeifend die Wohnung. Er freut sich auf die Schule: Lauter nette Leute da, auch die Lehrer sind in Ordnung, und die Lernerei fällt ihm nicht schwer. Mittags kommt Rudi Rallalla ebenso munter pfeifend wieder zu Hause an, freut sich auf das Essen, das ihm seine Oma gekocht hat, und auf die Freunde, die er nachmittags sehen wird.

Eines Tages kommt Rudi Rallalla überhaupt nicht fröhlich aus der Schule nach Hause, fragt nicht gleich an der Wohnungstür: »Was gibt's heute zu essen?« wie sonst immer, sondern verschwindet, ohne einen Ton zu sagen, in seinem Zimmer. Seiner Großmutter gibt das zu denken: »Was mag in der Schule vorgefallen sein?«

Beim Mittagessen fragt sie Rudi. Erst druckst Rudi herum, hat einen dicken Kloß im Hals und will nicht reden. Beim Nachtisch schließlich erzählt er doch, was geschehen ist: »Nach der Schule sind Kerstin und ich wie immer zusammen nach Hause gegangen. Bei der Drogerie Ecke Marienstraße haben drei aus der 4b auf uns gewartet und uns dämlich angequatscht. Dann haben sie Kerstin an den Haaren gezogen und mir einen Tritt verpaßt, daß ich hingefallen bin! Die drei haben mich erschreckt und mir angst gemacht!«

Gemeinsam mit seiner Oma überlegt Rudi, was er tun soll: Am nächsten Tag mit der Lehrerin reden? Mutter oder Vater bitten, in die Schule zu gehen und mit den Lehrern zu sprechen? Oder abwarten, eventuell selbst mit den Jungen reden? »Ich bin einen Kopf kleiner als die«, sagt Rudi, »die sind viel stärker als ich!« Die Großmutter hat eine Idee: »Ich hole euch morgen von der Schule ab!« Von der Idee hält Rudi nicht viel: »Lieber nicht, ich bin doch kein Baby mehr! Mal sehen, vielleicht fällt mir noch etwas Besseres ein!«

Beim Hausaufgabenmachen denkt Rudi nach, aber es fällt ihm nichts ein. Nachmittags beim Fußballspielen denkt Rudi nach, aber es fällt ihm wieder nichts ein. Abends kann er nicht einschlafen, denn dauernd muß er an die drei aus der 4b denken. Rudi steht wieder auf, geht ans Fenster und schaut sich den Mond an. Der Mond steht groß und kugelrund am Himmel. Gemütlich sieht er aus.

Plötzlich redet der Mond mit Rudi: »War kein berühmter Tag heute? Man sieht dir an, daß du Kummer hast!« Rudi erzählt dem Mond die Geschichte von den dreien aus der 4b und gesteht ihm, daß er jetzt schon Angst hat vor dem Heimweg morgen. Der Mond hilft ihm auf die Sprünge: »Gibt es nur eine Möglichkeit, nach Hause zu gehen? Müßt ihr unbedingt an der Drogerie vorbeigehen? Oder könnt ihr auch einen anderen Weg nehmen?« Klar können sie einen anderen Heimweg wählen. »Daß ich nicht selbst auf die Idee gekommen bin!« sagt Rudi. »Wir können ja über den Böhmerplatz gehen, da treffen wir die drei bestimmt nicht!« »Ist doch bestens!« sagt der Mond. »Du gehst den dreien aus der 4b aus dem Weg, solange du noch viel kleiner bist als sie. Und später, da sehen wir weiter!« Rudi schlüpft wieder unter seine Bettdecke. Jetzt ist er ruhiger und kann einschlafen: Wird schon gutgehen. Ich werde einen Riesenbogen um die drei machen!

Tips für Eltern

Das Schulgefüge ist ein störungsanfälliges System. Jede Klassengemeinschaft hat ihre eigenen Vorlieben, Abneigungen und Regeln. Oft unbemerkt von den Eltern, häufig auch von den Lehrern, finden Machtkämpfe um Status und Einfluß statt – dynamische Prozesse wie in jeder Gruppe. Da gibt es immer Kinder, die anderen sagen möchten, wo's langgeht. Die ihre vermeintliche Stärke zeigen müssen. Und andere, die sich zurückziehen oder an den Rand drängen lassen. Sich in dieses Gefüge einzuordnen, den eigenen Platz zu finden in der Klassen- und Schulgemeinschaft, kostet Kraft, erst recht, wenn zu dem alltäglichen Streß und Gerangel außergewöhnliche Attacken kommen:

○ Auf dem Schulhof hat eine Clique das Sagen, die ihre Freude daran hat, die Kleineren einzuschüchtern.
○ Auf dem Heimweg bedrohen ältere Jungen Schulanfänger.

So können Sie helfen:

• Nicht eingreifen, solange die Probleme harmlos sind und nur aus ein alltäglichen, nicht so ernstzunehmenden Pöbeleien und Rangeleien bestehen. Kinder müssen lernen, ihren Platz in der Gruppe allein zu erobern und zu festigen. Eltern, die in Konfliktsituationen gleich Rundrufe bei anderen Eltern starten oder sich die Kontrahenten vorknöpfen, erschweren ihrem Kind seine Lage womöglich. Dann heißt es schnell: »Ohne deine Mami kommst du wohl nicht aus!«

• Mit den Lehrern sprechen, wenn sich die Konflikte zuspitzen. Sie bitten, das Problem im Unterricht anzusprechen, eventuell gemeinsam mit den Kindern nach einer Lösung des Konflikts zu suchen.

• Mit dem Kind gemeinsam nach Strategien suchen. Verschiedene Lösungsmöglichkeiten im Gespräch durchspielen.

• Das Thema auch ansprechen, wenn das eigene Kind nicht unmittelbar betroffen ist. Die Geschichte von Rudi Rallalla und dem Mond eventuell als Einstieg für solch ein Gespräch nutzen und gemeinsam weiterspinnen. Andere Schwerpunkte setzen und nach anderen Lösungen suchen. Geschichten bringen Kinder häufig zum Sprechen, regen sie an, sich zu öffnen, ihre Gefühle und Gedanken preiszugeben.

Wenn ein Kind
den Mund zu voll nimmt ...

Die Geschichte vom aufgeblasenen Angeber

Der weiße Hahn sei ein Angeber, sagen die Hühner. Man müsse ihn sich nur anschauen: Wie ein eingebildeter Gockel stolziere er über den Hühnerhof, gespreizt eine Kralle vor die andere setzend. Wie er seinen Kopf recke und strecke, wie er mit dem Hahnenkamm wackele, seinen Schnabel hochtrage und sein Gefieder aufplustere. »Alles ziemlich angebermäßig«, sagen die Hühner und schauen dem weißen Hahn nach. »Was hat der jetzt schon wieder vor?« Der weiße Hahn tänzelt langsam auf die Hühnerschar zu und sagt: »Guten Morgen, meine Damen. Was für ein herrlicher Tag heute, sonnig und warm!« »Ja, ein Tag zum Eierlegen schön«, antworten die Hühner dem weißen Hahn höflich.

Der weiße Hahn schaut herablassend auf die Hühner hernieder und sagt: »Unsereins hat keine Zeit, diesen herrlichen Tag, sonnig und warm, zu genießen. Unsereins hat heute mittag ein wichtiges Arbeitsessen mit wichtigen Leuten, die Wichtiges mit unsereins zu besprechen haben. Großartige Pläne werden wir schmieden. Pläne, die noch geheim sind. Kein Wörtchen darf ich darüber verlieren.« »Lieber, weißer Hahn, schmiede du deine wichtigen Pläne mit den wichtigen Leuten bei dem wichtigen Arbeitsessen. Mach das nur, wir haben überhaupt nichts dagegen. Aber störe uns jetzt nicht länger, denn wir haben zu tun. Wir müssen Körner sammeln für unser kleines, ganz normales, bescheidenes Hühnermittagsmahl!« sagt das Oberhuhn, macht auf dem Absatz kehrt, gackert davon, und alle anderen Hühner eilen hinter ihr her. »Solch ein Angeber«, murmeln die Hühner, »ein fürchterlicher Angeber. Nicht auszuhalten seine unausstehliche Wichtigtuerei!«

Ein Hühnchen, ein kleines rosagelbes Hühnchen, rennt nicht hinter den anderen Hühnern her – quer über den Hühnerhof. Dieses Hühnchen guckt den weißen Hahn freundlich an. Der weiße Hahn steht mitten auf dem Hof, läßt die Flügel, seinen Kopf und seine Federn hängen. Ein Bild des Jammers, denkt das kleine rosagelbe Hühnchen. Der Angeberhahn tut nur stolz und herablassend. In Wirklichkeit, das wird dem rosagelben Hühnchen in diesem Moment klar, ist der weiße Hahn ein armes Würstchen. Er plustert sich auf, er nimmt den Schnabel voll und gibt an, weil er von uns Hühnern so bewundert werden möchte wie der braune Hahn, um den wir Hühner so oft vor Vergnügen gackernd herumtanzen, weil er gute Witze erzählt und ordentlich lustig ist.

Das kleine rosagelbe Huhn stratzt auf den weißen Hahn zu, zupft ihn am rechten Flügel und sagt: »Sehr elegant siehst du in deinem edlen Weiß aus, das wollte ich dir schon immer mal sagen! Warum besuchst du uns nicht häufiger in unserer Hühnerecke, pickst mit uns ein paar Körner vom Boden auf und erzählst uns das Neueste vom Tage? Große, witzige Geschichten müssen das nicht sein, wir sind auch zufrieden mit kleinen Geschichten!«

Dann begleitet das rosagelbe Hühnchen den weißen Hahn zum Zaun. Am Zaun entlang wollen sie zusammen einen Spaziergang machen. Der weiße Hahn stolziert jetzt nicht mehr wie ein eingebildeter Gockel über den Hof, sondern wackelt dahin wie ein ganz normaler Hahn, ein wenig windschief und kein bißchen aufgeplustert. Sollte die Angeberei vielleicht ein Ende haben? denkt das Oberhuhn, das den beiden nachschaut.

Tips für Eltern

Klassenclown, Angeber, Gernegroß – Schüler und Lehrer sind schnell dabei, »auffällige« Kinder abzustempeln: »Die machen immer Probleme. Die verhalten sich irgendwie anders. Die sind nicht auszuhalten!« Erfahren Eltern davon, sollten sie genauer nachfragen: »Wieso – was heißt hier Angeber? Wie zeigt sich das im einzelnen?«

Spielt sich ein Kind wirklich dauernd in den Vordergrund, trumpft es permanent auf mit »sagenhaften« (manchmal auch unwahren) Geschichten, macht es viel Wind um alles und jedes und gibt mächtig an, dann sollte das Eltern nachdenklich machen.

So können Sie helfen:

- Verhält sich ein Kind auffällig, ist das in der Regel ein Hinweis darauf, daß es Probleme hat, mit denen es allein nicht klarkommt. Verhaltensauffälligkeiten sind oft ein Signal: »Helft mir!« Nicht selten helfen ausführliche Gespräche weiter – angeregt zum Beispiel durch Geschichten wie die von dem unglücklichen weißen Hahn.
- Gespräche aber nicht aufzwingen und auch nicht zu eifrig auf ein Kind einreden. Fühlt es sich zu sehr bedrängt, schaltet manches Kind schnell ab und zieht sich zurück.
- Emotionale, nicht materielle Zuwendung wirkt oft Wunder. Bei aller Betonung auf Selbständigkeit – unsichere Kinder brauchen viel Unterstützung, viel liebevolle Begleitung durch ihre Eltern und das Gefühl: Bei ihnen bin ich gut aufgehoben. Ich bin nicht allein auf weiter Flur, sondern bei ihnen sicher. Sie akzeptieren mich so, wie ich bin. Ich muß mich nicht aufplustern, nichts Tolles darstellen, keine Rolle spielen.
- Freunde nach Hause einladen – möglichst selbstverständlich. Kein großes Gewese um solch eine Aktion machen, sondern das Kind behutsam an andere gewöhnen.

4. Kapitel

Erste Freunde

Wenn ein Kind
keine Freunde findet …

Die Geschichte von Melli und Kicki

Der Computer surrt, der Drucker rattert. Mellis Vater hat zu tun. »Beruf muß sein«, sagt er, als seine Tochter neben seinem Schreibtisch auftaucht und fragt: »Wann bist du endlich fertig mit deiner Arbeit?« »Geduld, Geduld«, bekommt Melli von ihrem Vater zu hören. »Noch ein, zwei Stündchen muß ich am Schreibtisch sitzen, dann werde ich für heute Schluß machen!« Er versucht, Melli zu trösten: »Dauert nicht mehr lange, dann kommt die Mami aus dem Büro nach Hause!« Anschließend beschäftigt er sich wieder mit seinem Computer und beachtet seine Tochter nicht länger. Als Melli mißgelaunt abzieht, ruft er ihr allerdings nach: »Setz dich vor den Fernseher, falls du dich langweilst! Nachher habe ich Zeit für dich – ganz bestimmt!« Nachher, nachher – was soll dieses Nachher schon nützen? Wie lange soll ich mich eigentlich noch allein beschäftigen? denkt Melli. Seit heute mittag spiele ich allein herum. Sie mag sich nicht vor den Fernseher setzen, hat keine Lust auf Zeichentrickfilme und ähnliches.

Ich wünsche mir eine Freundin, mit der ich mich nachmittags zum Spielen verabrede, denkt Melli. Mit der ich Spaß habe und lache. Mit der ich alles berede, was mich beschäftigt. Zu der ich Vertrauen habe und auf die Verlaß ist. Nichts wünscht sich Melli mehr, als eine Freundin zu haben. Oder auch einen Freund. Bislang ist der Wunsch nicht in Erfüllung gegangen. Melli hat keine Freunde gefunden – weder im Kindergarten noch jetzt in der Schule noch zu Hause und in der Straße, in der sie wohnt.

Melli geht ins Kinderzimmer, nimmt ihr gelbes Stoffküken aus dem Regal, klettert aufs Fensterbrett, setzt das Stoffküken auf ihre Knie und schaut aus dem Fenster. Es regnet. Kein Mensch zu sehen draußen: weder unten im Hof noch auf der Straße hinter der Hofmauer und auch nicht im Haus gegenüber, auf der anderen Seite des Hofes. Sie gähnt.

Dann träumt Melli mit offenen Augen. Sie träumt von einem Mädchen mit langen blonden Ponyfransen, das ebenso groß wie sie. Sie träumt, daß dieses Mädchen ihre allerbeste Freundin ist, daß sie zusammen bei schönstem Sonnenwetter barfuß durch tiefen Sand einen breiten Strand entlanglaufen. Daß sie um die Wette rennen und springen. Und daß es gar nicht so einfach ist, barfuß im tiefen Sand zu laufen und zu springen. Zum Schluß werfen sich die beiden Mädchen erschöpft in den Sand und lachen. Wer hat den Wettlauf gewonnen? »Ist doch egal!« sagt das Mädchen mit den langen blonden Ponyfransen.

In Gedanken versunken, beginnt Melli das gelbe Stoffküken zu streicheln, das auf ihren Knien sitzt. Plötzlich ist der Traum zu Ende und das Mädchen verschwunden – von einer Sekunde zur anderen. Kein Mädchen mehr zu sehen, kein tiefer Sand, kein breiter Strand, kein Barfußlaufen und kein gemeinsames Lachen mehr. Selbst wenn Melli die Augen schließt, taucht das Mädchen nicht wieder auf. Traurig darüber, daß sie wieder allein ist, läßt Melli ihre Augen erneut über den Hof und über die Straße hinter der Hofmauer und schließlich über die Häuserfront auf der anderen Seite des Hofes schweifen.

Auf einmal bleibt ihr Blick an einem Fenster im zweiten Stock hängen, einem Fenster mit roten Vorhängen. Die Vorhänge sind zur Seite gezogen. Auf dem Fensterbrett zwischen den roten Vorhängen sitzt ein kleines Mädchen mit langen blonden Ponyfransen – ein Mädchen, das Melli bislang nie gesehen hat und das sie an das Kind in ihrem Traum erinnert. Es muß etwa so alt und so groß wie ich sein, denkt Melli. Das Mädchen mit den langen blonden Ponyfransen, das im Haus gegenüber auf dem Fensterbrett sitzt, hat Melli ebenfalls entdeckt. Es winkt ihr zu und lacht sie an. Begeistert winkt Melli zurück. Plötzlich springt das Mädchen von gegenüber vom Fensterbrett und verschwindet hinter den roten Vorhängen. Warum verschwindet es, denkt Melli. Es fing doch gerade erst an, lustig zu werden.

Sekunden später taucht das Mädchen zwischen den roten Vorhängen wieder auf, und Melli atmet auf: Glücklicherweise hat die Geschichte doch noch kein Ende. Das Mädchen hat einen großen Plüschfuchs geholt, rostrot mit spitzen weißen Ohren. Es setzt sich wieder auf das Fensterbrett, nimmt den Fuchs erst auf ihren Schoß, wirft ihn dann in die Luft und fängt ihn wieder auf. Danach wirft Melli ihr gelbes Stoffküken in die Luft und fängt es wieder auf. Beide Mädchen lachen. Anschließend führt der Fuchs wieder ein Kunststück vor. So geht das eine Weile hin und her. Der rostrote Plüschfuchs mit den weißen spitzen Ohren und das gelbe Stoffküken zeigen, was sie können.

Auf einmal hat Melli eine neue Idee. Sie deutet zum Hof hinunter, will dem Mädchen mit den langen, blonden Ponyfransen mit vielen Handzeichen klarmachen, daß sie sich im Hof unten treffen können. »Ob sie versteht, was ich meine?« fragt sich Melli. Es sieht so aus. Das Mädchen von gegenüber springt von der Fensterbank, nickt Melli zu und verschwindet wieder hinter den roten Vorhängen. Auch Melli hat es jetzt eilig. Sie ruft ihrem Vater zu: »Ich bin unten im Hof!« Schon ist sie auf und davon. Die Wohnungstür fällt hinter ihr ins Schloß. Komisch, was will Melli um diese Zeit bei diesem regnerischen Wetter draußen im Hof? Sie geht doch sonst nie hinunter, denkt der Vater, wendet sich aber gleich wieder seinem Computer zu.

Immer zwei Stufen auf einmal nehmend, springt Melli die Treppe hinab und rennt durch die Hintertür auf den Hof hinaus. Die Verabredung hat geklappt, denn im selben Moment erscheint auf der anderen Seite des Hofes, in der Tür des gegenüberliegenden Hauses, das Mädchen mit den langen, blonden Ponyfransen. Es ist ebenso groß wie Melli und ähnelt dem Mädchen in Mellis Traum vom Strand wirklich.

Die beiden Kinder treffen sich mitten im Hof, merken kaum, daß sie pitschnaß werden im Regen, und reden fast gleichzeitig aufeinander ein: »Ich heiße Melli. Und wie heißt du?« »Ich heiße Kicki. Hast du Geschwister?« »Nein, ich habe keine Geschwister! Hast du welche?« …

Die Mädchen mögen sich auf Anhieb. Das Reden nimmt kein Ende, denn sie haben sich eine Menge zu erzählen: in welche Schule sie gehen, was sie gerne spielen, was sie am liebsten machen und so weiter und so fort. Nach einer Weile erst gehen sie in den Hausflur. Melli und Kicki haben das Gefühl, sich schon lange zu kennen. Melli weiß gleich – und sie ist sich da ganz sicher: Endlich habe ich eine Freundin gefunden. Manchmal werden Träume also wirklich wahr.

Tips für Eltern

Einen Freund, eine Freundin braucht jedes Kind, aber oft ist es nicht leicht, jemanden zu finden. Viele Jungen und Mädchen klagen heute darüber, keine echten Freunde zu haben. Sicherlich – in der Schule, auf dem Spielplatz treffen sie auf Gleichaltrige, mit denen sie reden und spielen. Aber richtige Freunde müssen das deshalb noch lange nicht sein.

Was stellen sich Kinder unter einem echten, einem richtigen Freund eigentlich vor?

○ Im Kindergartenalter sehnen sie sich nach jemandem, mit dem man spielen kann, der also ähnliche Interessen hat und vor allem erreichbar ist, also am besten in der Nähe wohnt.

○ Im Schulalter wünschen sie sich jemanden, mit dem sie ihre Gedanken austauschen, ihre Sorgen und Freuden teilen können, der für sie da ist, wenn sie ihn brauchen, und bedingungslos zu ihnen hält.

Vor allem aus zwei Gründen tun sich Kinder oft schwer, Freunde zu finden: Entweder entsprechen sie selbst nicht den Vorstellungen anderer und werden deshalb auf Distanz gehalten, oder sie lassen, ohne es zu merken, also ganz unbewußt, niemanden an sich heran, um sich vor Verletzungen, vor Enttäuschungen zu schützen.

So können Sie helfen:

• Wenn sich die Suche nach einem guten Freund jahrelang erfolglos hinzieht, haben Eltern die Sorge, daß ihr Kind sich zum Einzelgänger entwickeln könnnte. Doch wer zurück an seine eigene Kindheit denkt, erinnert sich wieder, wie schwer es auch damals schon war, gute Freunde zu finden. Also: Geduld ist angesagt. Oft dauert es seine Zeit, bis der Wunsch nach wirklich guten und wahren Freunden in Erfüllung geht. Sie können Ihrem Kind auch die Geschiche von Melli und Kicki erzählen – als Trost. Mit dem Kind über das Thema Freundschaft reden.

• Vorsichtig mithelfen, Kontakte zu knüpfen und zu fördern, andere Kinder ins Familienleben einbeziehen, etwa übers Wochenende einladen. Aber nicht zu forsch vorpreschen, möglichst nicht einmischen, wenn sich eine Beziehung zwischen Kindern anbahnt. Nichts ist schlimmer als Mütter und Väter, die begeistert vorangehen und sich »beliebt« machen wollen bei den Gefährten ihrer Kinder.

- Kindern keine Freunde »einreden« wollen (nach dem Motto: »Der Junge, der nebenan wohnt, macht einen guten Eindruck! Das wäre doch ein netter Freund für dich!«). Überlassen Sie es den Kindern selbst, wie und wo sie sich engagieren.

- Kinder, die stabile emotionale Familienbeziehungen erleben, die erfahren, daß auf Eltern, Geschwister, Großeltern, Tanten und Onkel Verlaß ist, entwickeln meist eine gute Portion Selbstvertrauen und lassen andere viel eher an sich heran als Kinder, die viel allein sind oder schon eine Menge Enttäuschungen verkraften mußten.

- Wichtig ist, daß Sie genau hinschauen und erkennen, ob Ihr Sohn oder Ihre Tochter wirklich kontaktarm ist oder einfach nur ein Kind, das mit sich selbst eine Menge anzufangen weiß. Steuern Sie vorsichtig gegen, wenn Ihr Kind unter seiner Situation leidet. Reden Sie mit ihm, versuchen Sie, mehr Vertrauen aufzubauen (vor allem Vertrauen in sich selbst, aber auch in andere).

- Erleben Kinder ihre Eltern als zuverlässige Freunde, die ein gastfreundliches Haus führen und Freundschaften pflegen, orientieren sie sich meist an diesem Vorbild und lassen sich auch auf die Pflichten ein, die mit Freundschaften verbunden sind.

- Viele Erwachsene leben den Kindern heute vor, daß sie Beziehungen aufsplitten: Mit Susanne wird nur Tennis gespielt, mit Fritz nur ins Kino gegangen, mit Joachim nur am Computer gebastelt ... Freunde müssen nicht mehr alle Bedürfnisse abdecken. Erleben Kinder zu Hause, daß Beziehungen auf bestimmte Bereiche reduziert werden, gehen sie sicherlich ähnlich an Freundschaften heran und tun sich später dann entsprechend schwer, echte Freunde zu finden – Freunde für alle Lebenslagen und nicht nur für bestimmte Hobbys.

Wenn Kinder
keine Zeit für ihre Freunde haben …

Die Geschichte von Socke, Krümel und Suse

Im Bauernhaus, das mitten in den Wiesen gleich hinter dem Deich liegt, wohnen neben dem Bauer und der Bäuerin ein kleiner Dackel, eine kleine Katze und eine kleine Ente – alle mit ihren Eltern. Der kleine Dackel heißt Socke, die kleine Katze Krümel und die kleine Ente Suse. Socke, Krümel und Suse sind die allerbesten Freunde, und das schon seit Monaten. Wenn sie morgens zusammentreffen, freuen sie sich und rufen einander zu: »Gut geschlafen?« »Schönes Wetter heute!« Und: »Was wollen wir heute zusammen machen?« Die drei Freunde wollen viel zusammen machen. Am liebsten würden sie sich den ganzen Tag nicht trennen. Sie würden gerne zusammen frühstücken, zusammen auf der Wiese vor dem Bauernhof spielen, zusammen Mäuse jagen, Hühner ärgern und Löcher buddeln, zusammen im Gras liegen und sich die Sonne auf den Bauch scheinen lassen, zusammen auf dem Deich entlang wandern und das Meer betrachten und so weiter.

Aber meistens wird nichts aus ihren wunderbaren Plänen. Meistens werden sie gestört, denn spätestens um neun Uhr – so früh, das muß man sich einmal vorstellen – ruft die braune Katzenmutter mit den weißen Pfötchen: »Krümel, komm bitte. Dein Unterricht beginnt!« Springt Krümel nicht gleich auf, gibt es Zunder. Die braune Katzenmutter mit den weißen Pfötchen baut sich dann in der offenstehenden Küchentür auf, die zum Garten führt, macht einen steilen, krummen Katzenbuckel und faucht: »Wenn du nicht sofort einen großen Satz machst und hier bei mir antanzt, dann …!« Manchmal sagt sie: »… dann darfst du nie mehr auf Mäusejagd gehen!« Oder sie sagt: »… dann darfst du nie wieder mit Socke und Suse auf dem Deich spielen!« Weil Krümel weiß, daß die Katzenmutter so lange zetert, bis sie kommt, setzt sie sich langsam in Bewegung. So langsam, daß ihr jeder von hinten ansehen kann, daß sie nicht die geringste Lust hat, sich von ihren Freunden zu trennen, um zum Katzenunterricht zu gehen.

Der kleine Dackel und die kleine Ente wissen, daß Krümel viel lieber bei ihnen bleiben würde, aber daß die Katzenmutter ihr keine Wahl läßt. Socke und Suse müssen keinen Unterricht besuchen. Keine Dackeleltern, keine Enteneltern in Sicht, die sie heranpfeifen. Socke und Suse haben den ganzen Vormittag frei. Erst strolchen sie durch den Garten und balancieren auf dem Mäuerchen um den Komposthaufen. Dann besuchen sie die Frösche am Tümpel hinten auf der Wiese. Schließlich üben sie Weitwurf mit Erdklumpen. Aber die beiden sind nicht ganz bei der Sache, denn sie vermissen Krümel. Sie schauen sich dauernd nach ihr um: Wo bleibt sie? »Wann kommt sie endlich?« fragt Suse und schaut auf die Uhr. Schon elf, und immer noch kein Schimmer von Krümel zu sehen.

Endlich, gegen zwölf Uhr, taucht Krümel auf. Wütend und wild wie ein Tiger sieht Krümel aus. Das Fell steht ihr zu Berge. Sie faucht: »Wenn ihr denkt, ich hätte jetzt frei und könnte mit euch spielen, dann habt ihr euch geirrt. Ich muß das elegante Katzenmaunzen lernen. Meine Mutter hat am Nachmittag Privatstunden für mich vereinbart. Und hinterher soll ich zu einem Schleichkurs gehen. Elegantes Katzenschleichen lernen! Und danach wird der Tag zu Ende gehen, ohne daß ich mit euch spielen konnte!« So verzweifelt, so außer sich haben Socke und Suse Krümel noch nie erlebt. »Hol erst mal tief Luft, meine Liebe!« sagt Socke und klopft seiner Freundin beruhigend auf den Katzenbuckel. »Wenn wir mit deiner Mutter reden, wird sie schon ablassen von ihren Plänen.«

Denkste. Die braune Katzenmutter mit den weißen Pfötchen will nicht mit sich reden lassen. Sie besteht auf dem Programm, das sie für ihre Katzentochter verabredet hat, und sagt: »Kleine Katzen müssen lernen, elegant zu maunzen, und das bedeutet mehr als nur miau sagen. Und sie müssen lernen, elegant zu schleichen. Lernen heißt üben. Heißt Training, und das findet heute nachmittag statt!« Socke und Suse bleiben sprachlos zurück und schauen entgeistert hinter der braunen Katzenmutter mit den weißen Pfötchen her, die mit erhobenem Katzenhaupt davonmarschiert, sich nach Krümel umschaut und faucht: »Nun komm schon!« Krümel schleicht mit hängendem Schwanz und mit hängenden Schultern hinterher – ein Bild des Jammers! Übrigens schleicht sie extra unelegant und miaut extra schrill und schief. Ihren Freunden ruft sie zu: »Ihr wißt, daß ich viel lieber bei euch wäre!« Daran haben Socke und Suse nicht die geringsten Zweifel. »Schon gut, Krümel!« rufen sie. »Klar wissen wir das. Wir warten auf dich! Beeil dich!«

Und wie die beiden warten. Sie liegen im Gras und warten stundenlang auf Krümel. Wie lange dauert es denn nur, elegantes Maunzen und elegantes Schleichen zu lernen? Die Lust am Spielen ist Socke und Suse vergangen. Ein Nachmittag ohne Krümel macht einfach keine Freude. Sie denken viel über Krümel nach und über die braune Katzenmutter mit den weißen Pfötchen.

Warum dürfen wir nicht mit Krümel spielen? Wenn wir zusammen spielen, lernen wir doch auch eine Menge – vielleicht viel mehr als bei solch einem Maunz- und Schleichprogramm. Könnte sich Krümel wehren? Hat sie eine Wahl? fragen sich die Freunde. »Ich glaube, sie hat keine Wahl!« sagt Socke. »Sonst hat sie nur noch Krach mit ihrer Mutter.« »Vielleicht sollten wir noch mal mit der Katzenmutter reden«, wirft Socke ein. »Vielleicht können wir sie überzeugen, und sie sieht ein, daß Krümel mehr Freiheiten braucht!«

Tips für Eltern

Die meisten Kinder haben Freunde und treffen sich ein paarmal in der Woche mit ihnen, viele sogar täglich – vor allem, wenn sie in Hochhäusern und Reihenhaussiedlungen leben, kommen viele Treffen zustande, das hat eine Untersuchung ergeben.

Diese Treffen finden heute meist in der elterlichen Wohnung statt – nur noch selten kommen sie in unseren Zeiten spontan zustande, sondern meistens streng nach Verabredung. Vorher wird in der Regel ausgiebig telefoniert und organisiert. Und: Draußen spielen die Kinder von heute nur noch selten.

Oft kommen ihre Verabredungen allerdings gar nicht zustande oder fallen ins Wasser, weil immer mehr Kinder nachmittags verplant sind. In vielen Familien wird nach Kindergarten und Schule gleich wieder ein Programm gemacht: Musikunterricht steht an oder Ballettstunden oder Tennistraining. Richtige Freizeit gibt es kaum. Und das heißt: Die Kinderfreundschaften werden strapaziert, haben keinen Raum, leiden häufig. Als Folge davon gehen sie schnell wieder auseinander. Kinder lernen dann nicht mehr, mit Freunden umzugehen, und Enttäuschung macht sich breit.

So können Sie gegensteuern:
- Kinder nicht mit Terminen zupacken, sondern ihnen viel freie Zeit zugestehen, über die sie selbst verfügen können.
- Weil die allerbesten Freunde oft nicht gleich um die Ecke wohnen, brauchen Kinder oft die Unterstützung Erwachsener, wenn sie in Kontakt treten wollen mit ihren Freunden. Sie brauchen Fahrgeld für öffentliche Verkehrsmittel, Hilfe beim Fahrplanstudium und manchmal auch einen Fahrdienst.
- Kinder telefonieren heute ausgiebig – häufig zum Ärger ihrer Eltern. Sie sollten die Telefonitis aber nicht nur verdammen, sondern akzeptieren, daß Kinder das Telefon oft brauchen, um Kontakt zu halten und sich zu verabreden. Denn viele Freunde sind heute nur telefonisch zu erreichen, wohnen eben nicht mehr gleich um die Ecke.
- Kommen Freunde nach Hause, sie einerseits großzügig und unkompliziert ins Familienleben einbeziehen, den Kindern andererseits aber auch ausreichend Spiel- und Freiraum zu Hause zugestehen. Nicht dauernd mit einem Anliegen auf der Türschwelle zum Kinderzimmer stehen, sondern die Tür hinter den Kindern schließen, damit sie möglichst ungestört miteinander spielen und reden können.

Wenn Freunde streiten …

Die Geschichte vom roten Zankapfel

Dicht beieinander leben ein grüner, ein gelber und ein roter Apfel in einem kleinen runden Obstkorb aus Stroh, der auf einem Küchentisch steht. Viel Platz zum Spielen und Kullern bleibt den drei Äpfeln nicht.

Der grüne Apfel ist Italiener. Er kommt aus Südtirol, hing zusammen mit anderen Äpfeln an einem kleinen, stämmigen Apfelbaum, der mitten unter hundert anderen Obstbäumen in einer riesigen Plantage am Fuße der Berge steht. Der gelbe Apfel ist Norddeutscher. Zusammen mit anderen Äpfeln hing er an einem alten, windschiefen Apfelbaum, der mit fünf anderen alten, windschiefen Apfelbäumen mitten auf einer Kuhweide am Ende eines Dorfes steht. Der rote Apfel ist Franzose. Er kommt aus dem Elsaß und hing ganz allein an einem zierlichen Apfelspalier, das ein cremefarbenes Häuschen mitten in Weinbergen umrankt.

Weil sich die drei Äpfel eine Menge zu erzählen haben und weil sie schön gemütlich und warm zusammen liegen, werden sie schnell gute Freunde. Je länger sie aber so dicht an dicht wohnen, desto häufiger wird es ihnen zu eng in ihrem Obstkorb. Immer häufiger geraten die Freunde aneinander. »Langsam wird unser Zusammenleben ungemütlich!« stöhnt eines Tages der rote Apfel, macht sich extra breit, weil er für sich selbst mehr Platz beansprucht, drückt den grünen Apfel ruppig zur Seite und mosert: »Rutsch ein Stück!« Der grüne Apfel will zwar nicht ruppig zur Seite gedrückt werden, mag aber auch keinen Streit mit seinen Freunden anzetteln und sagt deshalb versöhnlich: »Ich versuch's!« Mehr als ein Zentimeterchen Platz kann er aber nicht schaffen.

Daraufhin rammt der rote Apfel dem gelben Apfel seinen dicken Apfelbauch in die Seite und schimpft: »Dann mußt du eben zur Seite rutschen. Ich will mehr Platz haben! Wir werden ja sehen, ob sich das machen läßt!« Ganz erschrocken schreit der gelbe Apfel: »Aua, du tust mir weh! Du kannst mich nicht einfach wegschubsen! Das ist unverschämt!«

Der gelbe und der grüne Apfel sind wütend auf den roten. Sie tun sich zusammen und reden ein ernstes Wörtchen mit ihrem Freund: »Du machst dich zu breit und versuchst, uns wegzudrängen. Wir sitzen alle zusammen in diesem Korb und müssen den Platz gerecht teilen! Es ist nicht in Ordnung, daß einer einfach mehr Platz für sich selbst beansprucht!« Der rote Apfel hört sich an, was die beiden ihm sagen – erst wird er wütend, dann beschämt. »Ihr habt recht«, sagt er schließlich kleinlaut. »Ich habe mich einfach zu breit gemacht!« Die drei Freunde vertragen sich wieder. In Zukunft wollen sie mehr Rücksicht aufeinander nehmen.

Tips für Eltern

Freundschaften schließen heißt für ein Kind: Ich lasse mich auf eine Beziehung zu anderen ein, löse mich ein Stückchen mehr aus dem engen Familienverband und tue damit einen wichtigen Schritt hin zu mehr Selbständigkeit. In der Regel suchen sich Kinder ihre Freunde selbst aus und sammeln in einer Freundschaft wichtige soziale Erfahrungen. Ein Kind kann durch Freundschaften lernen, sich solidarisch zu verhalten, Rücksicht zu nehmen, den eigenen Standpunkt zu finden und zu formulieren, für die eigene Meinung zu kämpfen. Zusammen mit ihren Freunden gewinnen Kinder also soziales Verhalten, indem sie immer wieder üben:

○ Wie und wo kann ich meine Freunde unterstützen?

○ Was können wir gemeinsam unternehmen, woran haben wir alle zusammen unseren Spaß?

○ Wie kann ich meinen Freunden eine Freude bereiten?

○ Wie kann ich unseren Zusammenhalt noch festigen?

○ Wir verstehen uns gut – was heißt das eigentlich?

○ Wann übernehme ich Verantwortung, wann nicht?

○ Lasse ich mich auf Konkurrenz ein oder nicht?

○ Kooperiere ich mit anderen oder nicht?

○ Übernehme ich die Führung, oder ordne ich mich unter?

Soziales Verhalten üben bedeutet auch, Spannungen zu ertragen. Freunde streiten sich und vertragen sich wieder – Freundschaften unter Kindern sind oft labil: Heute noch ist alles in Butter, rosarot und wunderschön, morgen schon fliegen die Fetzen. Das ist ganz normal.

So können Sie die Freundschaften Ihres Kindes fördern:

- Weil das Zusammensein mit Freunden für Kinder einen wesentlichen Schritt zu mehr Selbständigkeit bedeutet, sollten sich Eltern möglichst aus der Beziehung unter Kindern heraushalten – auch und besonders dann, wenn die Freunde Schwierigkeiten miteinander haben. Mischen sich Mütter und Väter in die Freundschaften ihres Kindes ein, bringen sie es um wichtige soziale Erfahrungen, denn die Entscheidung für oder gegen einen Freund liegt dann nicht länger beim Kind.
- Stehen Sie als Gesprächspartner zur Verfügung, wenn Ihr Kind auf Sie zukommt, mit Ihnen reden will, sich vielleicht einen Rat holen möchte, wenn es Probleme mit Freunden hat.
- Hören Sie geduldig zu, nehmen Sie Anteil an allem Geschehen, ohne gleich zu bewerten.
- Helfen Sie Ihrem Kind, Ordnung in seine Gedanken und Gefühle zu bringen, überlassen Sie es aber möglichst ihm selbst, seine Probleme zu lösen.
- Erzählen Sie ihm doch einmal die Geschichte von den drei Äpfeln, wenn es Probleme mit Freunden hat, und sprechen Sie ganz allgemein über das Thema Freundschaft: Warum sehnt man sich nach Freunden? Was mache ich gerne zusammen mit Freunden? Können Geschwister auch gute Freunde sein? Ein treuer Freund – was ist das? Kann ich meine Freunde so nehmen, wie sie sind, oder will ich, daß sie sich ändern? Wenn ein Gespräch zustande kommt, fühlt sich manches Kind vielleicht animiert, von eigenen Erfahrungen zu berichten, und läßt seine Eltern teilhaben an seinen Gedanken und seinen Gefühlen.

Wenn eine Freundschaft zu Bruch geht ...

Die Geschichte von Scherben, die Glück bringen

In der geräumigen, hellen Küche von Elfriede und Fritz steht zwischen Spüle und Fenster ein großer, alter Küchenschrank aus Fichtenholz – ein Erbstück von Elfriedes Großmutter. In dem Küchenschrank haben Elfriede und Fritz ihr Geschirr untergebracht: Teller, Schüsseln und Tassen. Die beiden großen Tassen – die eine knallrot, die andere himmelblau – stehen oben nebeneinander im Küchenschrank. Links außen haben sie ihren Platz, dicht an der Schranktür. Die Tassen sind gerne Nachbarn, denn sie haben sich viel zu erzählen. Alles, was sie beschäftigt, bereden sie ausführlichst; wirklich jeder Gedanke und jedes Gefühl wird besprochen. Müssen die Tassen arbeiten, dann vermißt die eine Tasse die andere, und beide Tassen können kaum erwarten, sich wiederzusehen. Treffen sie sich, fragen sie gleich: »Wie geht's?« Hat eine Tasse Kummer oder Ärger, wird sie von der anderen getröstet: »Keine Angst, ich bin ja bei dir! Du bist nicht alleine. Ich helfe dir!«

Im Augenblick reden die Tassen über das Frühstück, das sie gerade hinter sich haben. »Ein Montagmorgen-Schnellschnell-Frühstück: Fix einen Schluck trinken, fix einen Happen essen, und alles im Stehen!« berichtet die knallrote Tasse und erzählt, daß es Elfriede wieder besonders eilig gehabt habe. »Ruck, zuck hat sie den Kakao eingeschenkt und ihn noch schneller ausgetrunken. Von oben bis unten hat sie mich bekleckert und dann gleich in die Spülmaschine verfrachtet. Keine Minute durfte ich auf dem Tisch stehen, um mit Tellern und Messern zu reden.« Die himmelblaue Tasse hört geduldig zu. Später ist sie an der Reihe mit erzählen: »Ich hatte heute mit Fritz das Vergnügen«, berichtet sie, und die knallrote Tasse ahnt schon, was jetzt kommt: eine neue Tee-Geschichte. Denn Fritz probiert jeden Tag einen anderen Tee aus.

Manche seiner Tees sind angenehm, duften nach Blüten und schmekken süß. Andere sind alles andere als beliebt bei den Tassen: Sie stinken und schmecken bitter. Der Tee heute morgen sei fürchterlich bitter gewesen, erzählt die himmelblaue Tasse. Die knallrote und die himmelblaue Tasse reden und reden. Sprechen über den Angeber Käse, der dauernd Witze erzählt. Über die arme Kirschmarmelade, die sich mit dem Honig nicht verträgt.

»Sie reden wie ein Wasserfall«, sagt der alte Suppenteller, der in der Schranketage unter den beiden Tassen lebt. »Ein Plappern und Plaudern von morgens bis abends, tagaus und tagein. Was haben die beiden sich bloß dauernd zu erzählen?« Die Sammeltasse, die gleich neben dem Suppenteller wohnt, schaut sehnsüchtig aus ihrer Schrankecke zu den Tassen hinauf und sagt: »Das sind eben Freunde. Richtig dicke Freunde. Und Freunde haben sich viel zu erzählen!« Und dann seufzt sie und denkt: Schade, daß ich keinen Freund habe. Nichts gegen den Suppenteller, aber zum Freund taugt er nicht, denn er ist zu sehr mit sich selbst beschäftigt.

Plötzlich, von heute auf morgen, ist nichts mehr so, wie es vorher war. Elfriede und Fritz haben Besuch bekommen: Hanna. Zuerst hören die Teller und Tassen, die Becher und Löffel aus dem Küchenschrank nur Hannas Stimme. »Die Stimme klingt angenehm!« sagt die knallrote Tasse. Im nächsten Moment öffnet Hanna die Schranktür, und alle Bewohner des Küchenschrankes sehen, daß nicht nur die Stimme, sondern daß alles angenehm ist an Hanna: Sie hat fröhliche Augen und zwei Grübchen im Gesicht. Hanna hat Durst und holt sich eine Tasse aus dem Schrank. Sie nimmt die knallrote Tasse und bewundert sie: »Ein schönes Rot. Rot ist meine Lieblingsfarbe!«

Die himmelblaue Tasse wartet ungeduldig darauf, daß die knallrote zurückkommt von ihrem Ausflug und erzählt, was sie erlebt hat mit Hanna. Aber die knallrote Tasse kehrt nicht zurück – nach einer Stunde nicht, nach zwei Stunden nicht. Erst gegen Abend kommt sie zurück in den Küchenschrank. »Wie war's?« fragt die himmelblaue Tasse. Hanna habe heiße Milch mit Honig getrunken, berichtet die knallrote Tasse. Sie habe sich die Hände an ihr gewärmt und sie gestreichelt.

Danach habe sie mit ihr gespielt. »Was hat sie denn mir dir gespielt?« fragt die himmelblaue Tasse. Doch die knallrote ist müde, zu müde zum Erzählen. »Sei mir nicht böse!« sagt sie. »Aber ich muß mich jetzt ausruhen!« Das Erzählen auf später verschieben? So etwas ist noch nie vorgekommen. Die himmelblaue Tasse hat ein seltsames Gefühl, das wie ein dicker Kloß in der Magengegend sitzt. Sie wird dieses Gefühl nicht los: Jeden Tag wieder ist sie enttäuscht, weil Hanna immer nur die knallrote Tasse aus dem Küchenschrank nimmt. Warum nur sie, warum nie mich? fragt sie sich und denkt: Wenigstens einmal könnte Hanna mich doch nehmen!

Dieses nagende Gefühl von Enttäuschung, von Traurigsein und Ärger wird sie nicht wieder los. Im Gegenteil: Das Gefühl verstärkt sich tagtäglich. Die himmelblaue Tasse ist enttäuscht, weil sich die knallrote immer seltener im Küchenschrank sehen läßt. Und wenn sie da ist und von ihren Ausflügen erzählt – ihre Freude am Erzählen hat allerdings deutlich nachgelassen –, dann redet sie nicht mehr wie früher. Jetzt macht sie sich wichtig beim Reden, und tut so, als sei sie etwas Besonderes. Die himmelblaue Tasse beklagt sich bei der Sammeltasse: »ICH, ICH – sie spricht nur noch von sich und von Hanna. Hanna hier und Hanna da. Den ganzen Tag Hanna. Nichts anderes zählt mehr!«

Langsam wird aus der Enttäuschung Wut. Die himmelblaue Tasse ist sauer und schimpft nur noch, wenn sich die knallrote im Küchenschrank blicken läßt: »Du kannst mich doch nicht ganz vergessen, nur weil jetzt diese Hanna aufgetaucht ist. Schließlich sind wir Freunde!« Die knallrote Tasse will sich nicht den Spaß verderben lassen. Sie wehrt sich: »Ich tue dir doch nichts. Du bist nur eifersüchtig und neidisch!« Das will sich die himmelblaue Tasse nicht gefallen lassen. Die beiden Tassen keifen und kreischen, daß es nur so scheppert im Küchenschrank. Der alte Suppenteller staunt: »Das Gekrache hört sich nicht nach Freundschaft an. Was ist los?« Die Sammeltasse ist besorgt: »Ganz miese Stimmung zwischen den beiden!« Miese Stimmung, das kann man wohl sagen. Frostig und eisig ist die Stimmung: Winterstimmung.

Schließlich wenden die Freunde einander den Rücken zu. Beleidigt reden sie kein Wort mehr miteinander. Da stehen sie nun stumm nebeneinander und fühlen sich alles andere als wohl in ihrer Porzellanhaut. Beiden ist elend zumute, beide sind traurig: Krach zu haben mit dem besten Freund, das tut weh. Und zwar richtig und ganz tief drinnen. Plötzlich dreht sich die himmelblaue Tasse um. Gleichzeitig dreht sich die knallrote um, und schon knallt es: Die beiden Tassen krachen mit den Henkeln zusammen. Es scheppert, und wie es scheppert! Beide Henkel gehen zu Bruch. Im Küchenschrank lauter Scherben. »Was ist los?« fragt Hanna, öffnet die Schranktür und sieht die Bescherung. »Wie konnte das geschehen? Die Henkel der roten und der blauen Tasse sind zerbrochen!« sagt sie und gleich darauf: »Kein Problem, das läßt sich kitten!« Behutsam stellt sie die Tassen auf den Tisch. Dann setzt und klebt Hanna aus den blauen und den roten Scherben wieder Henkel zusammen und trägt die Tassen zurück in den Schrank. »Alles wieder in Ordnung!« sagt sie.

Wirklich wieder alles in Ordnung? Die himmelblaue Tasse schaut vorsichtig hinüber zu der knallroten. Und die knallrote schaut ebenso vorsichtig zurück. »Schluß mit der Streiterei«, sagen beide gleichzeitig. Und schon plappern und plaudern sie wieder wie in alten Zeiten. Der alte Suppenteller und die Sammeltasse atmen auf. »Manchmal bringen Scherben wirklich Glück!« sagen sie und sind froh, daß wieder Frieden ist im Küchenschrank.

Tips für Eltern

Manchmal machen Freunde schwierige Zeiten miteinander durch. Dann läßt die Versöhnung nach einem Streit auf sich warten, denn die Streithanseln schaffen es einfach nicht, ihre Unstimmigkeiten zu beseitigen, und leiden meist beide unter der verfahrenen Situation.

Einerseits möchten Eltern ihrem Kind Schmerz, Ärger und Enttäuschung ersparen und wollen ihm deshalb helfen, eine Freundschaft wieder zu kitten, die gerade dabei ist, zu Bruch zu gehen, oder schon ein Ende gefunden hat. Andererseits wissen sie nur zu gut, daß Freundschaft kein ewiger Sonnenschein ist, sondern daß Spannungen und Unstimmigkeiten in der Regel dazugehören. Und eigentlich ist ihnen auch klar, daß sie als Außenstehende nicht wirklich und auch nicht objektiv beurteilen können, was sich zwischen den Freunden abgespielt und zur Entfremdung geführt hat. Was also tun?

So können Sie helfen:

- Eine Lösung wäre, sich vorsichtig, behutsam als Gesprächspartner anzubieten. Geduldig zuhören, wenn sich das Kind auf ein Gespräch einläßt. Durch geschicktes Fragen Denkanstöße vermitteln. Bitte Schuldzuweisungen nach der Art »Ich habe dir ja schon immer gesagt, daß auf den Franz kein Verlaß ist!« vermeiden und erst recht Belehrungen, Besserwisserei, gute Ratschläge nach dem Motto: »Jetzt läßt du den Knaben einfach links liegen!«
- Sinnvoller als der erhobene Zeigefinger ist es, über seine verletzten Gefühle, über sein Traurigsein, seine Wut mit dem Kind zu sprechen und später gemeinsam zu überlegen: Wie wird man solche Gefühle wieder los?
- Viele Kinder sind schwer zum Reden zu bringen, sie sprechen einfach nicht gerne über sich selbst und ihre Probleme. Manchmal kann eine Geschichte wie die von den verzankten Tassen hier ein brauchbares Hilfsmittel sein. Dann wird nach dem Vorlesen über die Tassen und ihre Schwierigkeiten gesprochen, und damit kommen in der Regel schließlich auch die eigenen Erlebnisse zur Sprache und die eigenen Gedanken, Gefühle ins Spiel. Manchmal lernen Eltern bei solch einem Gespräch ganz neue Seiten ihres Kindes kennen und können jetzt – schließlich befindet man sich im Schutz der Geschichte auf »neutralem« Terrain – ihre eigene Meinung sagen und vorsichtig Einfluß nehmen, ohne daß es gleich heißt: »Das ist meine Sache!«
- In Krisenzeiten brauchen Kinder mehr Zuwendung als sonst und freuen sich dazu besonders über angenehme Ablenkungsmanöver: gemeinsame Unternehmungen oder auch innige, gemütliche Kuschelstunden zu Hause.

Wenn ein geliebtes Tier stirbt ...

Die Geschichte vom Hund mit den Bernsteinaugen

Seit wann hinkt der Braune?« Keine Ahnung – niemand weiß es. Flori nicht, Nico nicht und die Mutter auch nicht. Heute morgen war der Hund jedenfalls noch ziemlich munter, da sind sich alle ganz sicher. Nun kann von Munterkeit keine Rede mehr sein. Der Braune rührt sich kaum noch von der Stelle. Kläglich zitternd steht er im Flur. Plötzlich sieht man ihm an, daß er allmählich alt wird. Vorher ist das niemandem aufgefallen, doch jetzt hat der Hund alles Beängstigende, Große, Starke, Mächtige verloren. Er macht einen kümmerlichen, geduckten Eindruck. Unsicher und ängstlich schaut er aus seinen großen, glänzenden, braunen Hundeaugen. »Genauso schaute er immer, wenn er abgehauen war und mit rabenschwarzem Gewissen nach Hause schlich«, sagt Flori. »Er hat sicherlich Schmerzen und versteht nicht, warum!«

Flori und Nico streicheln den Braunen. So zärtlich wie schon lange nicht mehr reden die beiden mit ihrem Freund. Nur der Hund ist wichtig, nichts anderes zählt im Augenblick. Flori will den Braunen mit Hundekuchen verwöhnen. Aber der Braune mag weder gestreichelt noch gefüttert werden. Er möchte seine Ruhe haben. Mühsam hinkt er ein paar Schritte vorwärts. »Das hintere rechte Bein zieht er nach!« sagt Nico. Der Braune verkriecht sich auf sein Lager unter der Treppe. »Seine Augen glänzen wie Bernstein. Ich glaube, er hat Fieber!« sagt Floris Mutter. Zur Tierärztin fahren? Nicht möglich. Der Hund kann nicht mehr ins Auto springen. »Wir können ihn auch nicht tragen«, sagt Nico. »Er ist viel zu schwer und viel zu groß!« Die Tierärztin muß einen Hausbesuch machen. Hoffentlich tut sie's.

»Ich komme so schnell wie möglich«, verspricht die Tierärztin am Telefon. In einer Stunde etwa sei sie da, sagt sie. Diese eine Stunde scheint sich ewig hinzuziehen. Die Kinder hocken vor dem Hundelager und beobachten den Braunen. »Wenn ich ihm doch helfen könnte«, sagt Nico. Daß sie nichts für den Braunen tun können, tut den beiden weh. Nichts können sie tun, denn wenn sie ihm jetzt zu nahe kommen, knurrt er plötzlich. »Das hat er noch nie gemacht!« sagt Nico. Die Jungen sitzen vor dem Hundelager und beobachten ihren Freund. »Ob er weiß, daß wir uns Sorgen um ihn machen?« fragt Flori. »Das spürt er bestimmt«, sagt die Mutter. »Es tut ihm gut, daß ihr in seiner Nähe seid!« Endlich hören sie ein Auto vorfahren: Die Tierärztin kommt.

Es ist nicht einfach, den Braunen aus seinem Treppenversteck zu locken und zum Aufstehen zu bewegen. Er will nicht. Er muß aber aufstehen, damit ihn die Ärztin untersuchen kann. Schließlich gelingt es Flori, ihn zu überreden. Dem Hund wird die Schnauze mit einem Tuch zugebunden. Er wehrt sich kaum. »Vielleicht ist er zu erschöpft«, vermutet Flori. Das Zubinden muß sein, für alle Fälle – damit der Braune nicht vor Angst und Schrecken zubeißt während der Untersuchung. Breitbeinig, mit zugebundener Schnauze steht der Hund jetzt im Flur. Sanft und vorsichtig tastet die Ärztin seinen Rücken ab. »Ich nehme an, daß im Rückgrat ein Nerv eingeklemmt ist«, sagt sie. Danach mißt sie seine Temperatur. Der Braune hat Fieber. Das weise auf eine Entzündung hin, sagt sie und gibt dem Hund anschließend zwei Spritzen. Flori schaut zu. Kein Problem für ihn. Nico guckt weg: »Das kann ich nicht aushalten!« sagt er. Nico haßt Spritzen. Der Braune tut ihm schrecklich leid. »Das eine Medikament ist gegen die Schmerzen, das andere gegen die Entzündung«, sagt die Ärztin. »Erholt sich der Braune bald?« fragt Flori. Die Ärztin ist nicht so sicher. »Vielleicht ist er schnell wieder fit, und wir können ihn röntgen lassen. Denn nur so läßt sich feststellen, worunter er eigentlich leidet!« sagt sie und erklärt den Kindern, was ein Röntgenapparat ist. Zum Schluß sagt sie noch leise und mehr an die Mutter als an die Kinder gerichtet: »Es können sich aber auch Komplikationen ergeben!« Sie verspricht, gegen Abend noch einmal vorbeizuschauen. »Bis dahin bin ich in der Praxis zu erreichen«, ruft sie den dreien noch zu und verschwindet.

Der Braune schleppt sich nicht zurück auf sein Lager, sondern legt sich mitten auf dem Flur nieder. Alle reden sanft und freundlich auf ihn ein. Flori und Nico hocken auf der untersten Treppenstufe und warten darauf, daß die Spritzen wirken. »Geht doch einmal eine Runde nach draußen«, sagt ihre Mutter. »Ihr könnt doch nicht stundenlang bei dem Hund sitzen und warten!« Doch. Sie können – und sie wollen. Die Jungen warten geduldig darauf, daß es dem Braunen bessergeht. Aber es geht ihm nicht besser, im Gegenteil: Der Hund bewegt sich kaum, rührt sich nicht von der Stelle. Er will nicht fressen, er will nicht trinken, er will nicht aufstehen und nach draußen in den Garten zum Pinkeln gehen. Er liegt einfach nur da.

Eine Stunde vergeht. Zwei Stunden vergehen. Ist erst Mittag oder schon Nachmittag? Die Kinder wissen es nicht mehr. Nichts verändert sich. Der Braune macht keinen Versuch aufzustehen. Kein Stückchen Leberwurst, kein Wiener Würstchen, keine Scheibe Bierschinken – nichts bringt ihn dazu, sich von der Stelle zu rühren. Er läßt alles liegen. Das macht Flori angst: »Wenn er kein Wiener Würstchen frißt, dann geht es ihm sehr schlecht.« Normalerweise ist der Braune ganz verrückt nach Wiener Würstchen.

»Er schaut so traurig«, sagt Flori. Eine zentnerschwere Last liegt auf seinem Herzen. Nico wird immer unruhiger: »Wann wirken diese Spritzen endlich? Langsam müßte es ihm doch bessergehen. Warum mag er nicht fressen? Die Ärztin hat doch gesagt, er würde sich bald erholen!« Die Mutter geht zum Telefon und versucht, mit der Tierärztin zu sprechen. Die Ärztin ist nicht zu erreichen. Sie wurde zu einem Notfall geholt. »Sie möchte mich bitte sofort anrufen, wenn sie in die Praxis zurückkommt!« sagt die Mutter am Telefon. Und das klingt so aufgeregt, so beunruhigt, daß Nico zu weinen beginnt. »Geht es dem Braunen viel schlechter?« fragt er. Die Mutter nickt nur. Sie ist ganz blaß.

Nico rutscht auf den Knien zum Braunen und streichelt den Kopf des Hundes. Der Braune wehrt sich nicht mehr, sondern läßt sich das Streicheln jetzt gefallen. Nico legt den Kopf des Hundes auf seine Knie und redet ganz leise mit dem Braunen: »Du mußt auf die Beine kommen. Wir gehen nach draußen, dann kannst du im Garten nach Mäusen buddeln und die Fußgänger anbellen, die am Garten vorbeigehen.« Aber der Braune rührt sich nicht mehr. Er ist einfach eingeschlafen. Er ist gestorben. Nach einer Weile sagt die Mutter: »Nun lassen wir ihm seine Ruhe!« Behutsam nimmt sie den Kopf des Hundes von Nicos Schoß.

Nico und Flori denken noch häufig an den Braunen. Wochen, Monate, auch noch Jahre später reden sie von ihm. »Weißt du noch, als er die halbe Apfeltorte vom Küchentisch gemopst hat? Und wie er den kleinen weißen Kläffer aus der Nachbarstraße keines Blickes gewürdigt hat, wenn er ihn traf?« In ihrer Erinnerung ist der Braune lebendig geblieben, und die beiden sind sich einig: Der Braune war ein ganz besonderer Hund. Er war nicht nur enorm klug, er konnte sogar richtig grinsen. Solch einen Hund gibt es ganz bestimmt nie wieder. Er war einfach einmalig.

Tips für Eltern

Der Hund, die Katze, das Meerschweinchen – Haustiere gehören für Kinder zur Familie und werden heiß geliebt. Wenn solch ein Tier stirbt, entsteht natürlich eine große Lücke. Mit dem Verlust »seines« Tieres erlebt ein Kind häufig zum ersten Mal, was das heißt: »tot«, »gestorben«. Es beginnt schmerzlich zu ahnen, was das bedeutet: Das Leben ist zu Ende, endgültig vorbei.

Jedes Kind trauert auf seine eigene Weise. Das eine erstarrt, zieht sich zurück und will seine Ruhe haben, will vielleicht nur aus dem Fenster gucken und seinen Verlust, seinen Schmerz empfinden, seiner Traurigkeit nachhängen. Das andere reagiert zornig, macht sich selbst und anderen Vorwürfe (»Wir sind schuld. Wir haben uns nicht genug gekümmert! Manchmal haben wird das Füttern vergessen!«). Das dritte sucht nach einer Möglichkeit, sich abzulenken, zu entspannen, kramt zum Beispiel Spielzeug aus der Ecke, das es sonst keines Blickes würdigt, und spielt stundenlang vor sich hin.

So können Sie helfen:

• Das Tier, wenn möglich, gemeinsam begraben. Das Begräbnis bietet die Möglichkeit, bewußt Abschied zu nehmen und während des Rituals die Gefühle durchzuspielen, die uns zu schaffen machen: sich versöhnen mit dem Tod, den Abschiedschmerz annehmen und begreifen: »Der Freund kommt nie wieder!«

- Dem Kind Zeit lassen, den Tod zu betrauern, zu verarbeiten und schließlich zu verkraften, ihm Ruhe gönnen für seine Trauer und viel Verständnis für seine Empfindungen aufbringen, statt es mit Besserwisserei zu nerven (»Nächste Woche ist alles vergessen!«).
- Ehrlich und offen mit dem Kind über das reden, was geschehen ist: ihm behutsam die Wahrheit sagen. So schlimm die Wirklichkeit einem Kind vielleicht auch erscheinen mag, sie ist weniger schlimm als verworrene Gedanken, unklare Vorstellungen, die angst machen.
- Ablenkungsmanöver wie »Komm, wir gehen ein Eis essen!« helfen selten. Besser ist es, über die Verlustgefühle, über den Trennungsschmerz miteinander zu reden, vielleicht auch über die Geschichte von dem Hund mit den Bernsteinaugen. (Manche Kinder mögen aber auch nicht reden.)
- Nicht mit Bemerkungen kommen wie »Das war doch nur ein Tier«, wenn das Kind seine Verzweiflung zeigt. Auch nicht versuchen, es mit Macht zu bremsen (»Nun reicht's aber, reiß dich zusammen!«). Tränen helfen, die Trauer auszudrücken.
- Der Verlust bleibt bestehen, läßt sich nicht ungeschehen machen. Deshalb nicht gleich »zum Trost« ein Ersatzhündchen anschleppen oder eine neue Katze. Jedes Tier ist einmalig und erst einmal unersetzlich.
- Gemeinsam darüber nachdenken, ob und wann ein neuer Hund zur Familie kommen soll – oft hilft das In-die-Zukunft-Schauen den Kindern.
- Alte Fotos anschauen und über vergangene Zeiten (mit dem Hund) sprechen.

5. Kapitel

Eltern, Geschwister – die ganze Familie

Wenn ein Kind
seine Geschwister verrät …

Die Geschichte von der Petzliesel

Liesel und ihre Brüder Hans und Franz spielen vor der Haustür
Fußball. Der gepflasterte Platz ist allerdings denkbar ungeeignet
zum Fußballspielen, denn auf der rechten Seite parken zwei Autos,
und auf der linken Seite wird der Platz von einem gelben Rosenbeet
begrenzt.

Heinrich Mirbaum, der alte Herr, der nebenan wohnt und zuschaut,
wie Liesel und ihre Brüder den Ball vorsichtig hin- und herkicken, wie
sie ihn nur sachte rollen lassen, damit er nicht auf die Autos fliegt, hat
Mitleid mit den Kindern und sagt: »Ihr könnt in meinem Garten Fußball spielen, da ist Platz genug!« Dann verabschiedet er sich: »Viel Spaß!
Bis nachher! Ich fahre zum Einkaufen!«

Heinrich Mirbaum hat einen herrlichen Garten – wunderbar geeignet für Kinder, die gerne Fußball spielen. Da gibt es keine Rosenbeete,
nichts weit und breit, nur Wiese, also rundum jede Menge Platz. Am
Ende des Gartens steht eine Mauer, und hinten links, neben einem
Gartenhaus, wachsen ein paar alte knorrige Obstbäume.

Liesel und ihre Brüder markieren mit Hilfe von Jacke und Mütze,
die sie im Abstand von zwei Metern auf den Boden legen, ein Tor auf
der Wiese. Erst darf Liesel versuchen, ein Tor zu schießen, dann Franz.
Jetzt ist Hans an der Reihe. Er legt den Ball auf den Boden, will
schießen, zielt aber nicht richtig: ein Fehlschuß. Der Ball fliegt nicht
ins Tor, sondern segelt über die Köpfe von Liesel und Franz hinweg
Richtung Gartenhaus und knallt mit Wucht durch die Fensterscheibe.
Ein lautes Klirren, überall Scherben. Hans, Franz und Liesel halten die
Luft an, stehen stocksteif vor Schrecken. Dann rennt Hans zum Gartenhaus, öffnet die Tür, verschwindet im Gartenhaus, holt den Ball,
knallt die Tür hinter sich zu und ruft seinen Geschwistern zu: »Nichts
wie weg!«

Er ergreift die Flucht, und Liesel und Franz folgen ihm. Sie verlassen schnellstens den Garten von Heinrich Mirbaum, zischen über den gepflasterten Hof, springen über das Beet mit den gelben Rosen, laufen ums Haus und verschwinden schließlich durch die Kellertür in ihrem Haus. Sie stürmen die Treppe hoch – ab ins Kinderzimmer.

Kaum im Kinderzimmer, schließt Hans gleich hinter seinen Geschwistern die Tür – ist sie auch wirklich fest zu? – und sagt: »Das mit der kaputten Fensterscheibe – das sagen wir keinem! Wehe, wenn ihr …« »Ja, aber …« Liesel will mit Hans reden. Will äußern, daß er es Herrn Mirbaum sagen müsse. Aber Liesel kommt nicht dazu, überhaupt ein Wörtchen zu sagen. Hans unterbricht sie sofort: »Du hältst den Mund und hältst dich überhaupt am besten aus der ganzen Angelegenheit heraus. Das ist meine Sache!« Liesel weiß, daß mit ihrem großen Bruder nicht zu spaßen ist, wenn er so aufgeregt und so wütend aufbraust. Auch Franz sieht Hans skeptisch an und fragt: »Sollten wir nicht doch …?« »Sollten wir nicht doch …«, äfft Hans seinen kleinen Bruder nach und droht dann: »Halt bloß die Klappe!« Franz trollt sich, verschwindet im Badezimmer. Auch Liesel verläßt das Kinderzimmer.

Liesel geht langsam die Treppe hinab, kaut auf ihrer Unterlippe, dreht eine Haarsträhne um ihren rechten Zeigefinger und denkt nach: Wieso läßt Hans nicht mit sich reden? Wieso will er nicht einsehen, daß er zugeben muß, was passiert ist? Ist doch unmöglich, einfach so zu tun, als sei nichts gewesen. Unverschämt, daß er nicht mit Herrn Mirbaum sprechen will!

»Was ist mit dir los?« fragt Liesels Mutter, die gerade zur Tür hereinkommt. »Du siehst aus wie drei Tage Regenwetter.« »Nix ist los!« antwortet Liesel. Aber damit läßt sich ihre Mutter nicht abspeisen. Sie sieht Liesel an der Nasenspitze an, daß sie ein Problem hat. Sie zieht sich deshalb schnell den Mantel aus, setzt sich auf eine der unteren Treppenstufen, zieht Liesel, die unschlüssig auf der Treppe steht, zu sich hinunter und sagt: »Erzähl schon: Welche Laus ist dir über die Leber gelaufen?«

Einerseits will Liesel die Sache mit Heinrich Mirbaum, mit dem Fußball und der Fensterscheibe nicht erzählen. Sie mag ihren großen Bruder nicht verpfeifen. Andererseits: Es darf nicht wahr sein, daß Hans mit dem Ball eine Fensterscheibe zerbricht und dann keinen Mucks sagt, statt dessen einfach so tut, als sei nichts gewesen.

Nach langem Zögern erzählt Liesel schließlich, was drüben im Garten von Heinrich Mirbaum geschehen ist. Kaum hat sie ihre Geschichte zu Ende erzählt, springt ihre Mutter auf, rennt die Treppe hinauf, läuft ins Kinderzimmer und staucht Hans zusammen: »Was sind das für Sitten, eine Fensterscheibe zu zerbrechen und dann ...« Liesel mag nicht länger zuhören. Sie verkrümelt sich in die Küche und streicht sich ein Marmeladenbrot. Liesel hat ein schlechtes Gewissen: War es richtig oder falsch, daß sie Hans verraten hat? Ist Petzen immer schlecht oder manchmal vielleicht doch richtig? Darüber muß sie noch gründlich nachdenken.

Tips für Eltern

Wenn ein Kind ein anderes verpetzt, macht es sich unbeliebt bei seinen Geschwistern und Freunden. Mit so einem will keiner viel zu tun haben, selbst wenn der »Verräter« noch so viele Gründe anführt, warum das Petzen sein mußte.

So können Sie helfen, wenn Ihr Kind gepetzt hat und sich mit einem schlechten Gewissen herumquält:

- Ein erster Schritt: Vor einem klärenden Gespräch darüber nachdenken, warum das Petzen so verpönt, was »Gewissen« eigentlich ist und wie Kinder moralische Vorstellungen entwickeln. Kinder nehmen ihre Umwelt schon frühzeitig wahr, machen sich ihre eigenen Gedanken und beobachten, welche Erfahrungen Eltern, Geschwister, Freunde, Bekannte im Umgang miteinander sammeln. Sie setzen sich dann selbst in Beziehung zu ihren Mitmenschen und verinnerlichen die sozialen Erfahrungen, die sie im Umgang mit ihnen sammeln, lernen aus diesem Wechselspiel zwischen den unterschiedlichen Personen und speichern das Erlebte.

Was ein Kind tut oder läßt, was es für richtig hält oder ablehnt – an welchen Maßstäben es sein Verhalten mißt –, wird wesentlich durch die Haltung seiner Bezugspersonen geprägt: durch ihr Lob oder ihren Tadel, durch ihre Zuwendung oder ihre Ablehnung.

- Wichtig ist also, daß einem Kind die Normen und Regeln der Erwachsenen nicht einfach aufgezwungen werden, sondern daß es selbst herausfinden kann, was in seinen Augen sinnvoll ist – nicht von den Erwachsenen bevormundet, sondern durch sie nachdenklich gemacht. Eltern sollten ihr Kind ermuntern, genau hinzuschauen, hinzuhören und sich eine eigene Meinung zu bilden. Auf dieser Grundlage lernt ein Kind Schritt für Schritt, von seinen ersten Lebensjahren an, sich in andere einzufühlen, soziale Zusammenhänge zu begreifen, eigene Maßstäbe zu entwickeln.

- Zurück zum Beispiel Petzen: Daß Petzerei kein taugliches Mittel im Umgang miteinander ist, merkt ein Kind schnell im Zusammenleben mit Geschwistern oder Freunden. Denn sie machen ihm bald begreiflich, daß es bessere Möglichkeiten der Auseinandersetzung gibt. Eltern können diesen Lernprozeß fördern, indem sie sich Zeit für ausführliche Gespräche – die Geschichte von Liesel kann als Ausgangspunkt dienen – nehmen.
  - Warum hilft das Petzen nicht weiter?
  - Warum wird Petzen von Geschwistern und Freunden als Verrat empfunden?
  - Wie lassen sich Probleme besser lösen?

- Mit dem Betroffenen im Gespräch Alternativen durchspielen, nach brauchbaren Lösungen suchen und gemeinsam überlegen, ob das Petzen als Notlösung manchmal entschuldbar ist.

Wenn Geschwister eifersüchtig sind …

Die Geschichte von den giftgrünen Eulenkindern

Kaum war es dunkel, verließ der Eulenvater seine Familie und ging auf die Jagd. »Wir wollen mit«, bettelten seine drei Eulenkinder – eine kleine gelbe, eine kleine rote und eine kleine blaue Eule.

Der Eulenvater hatte keine Lust, seine drei Kinder mit auf die Jagd zu nehmen. Er breitete seine Schwingen aus und flog einfach davon, segelte im Vollmondlicht durch die Lüfte, rief seinen Eulenkindern zu: »Beim nächsten Mal seid ihr dabei!«, dann verschwand er zwischen den dunklen Tannen im Wald. Abend für Abend wiederholte sich diese Szene – egal ob Vollmondlicht oder wolkenverhangener Himmel. Und nie machte der Eulenvater sein Versprechen wahr, nie nahm er die Kinder mit auf die Jagd – so sehr sie auch baten und bettelten.

Eines Tages versteckte sich das gelbe, das jüngste und kleinste Eulenkind unbemerkt von seiner Familie im Rucksack, den der Eulenvater jeden Abend mit auf die Jagd nahm. Erst als der Vater schon lange zwischen den dunklen Tannen im Wald verschwunden war, merkten die rote und die blaue Eule, daß das gelbe Eulenkind fehlte. »Wo ist die gelbe Eule nur geblieben?« fragten sie aufgeregt und suchten stundenlang nach ihr.

Während die rote und die blaue Eule zu Hause nach der gelben kleinen Eule suchten, legte der Eulenvater eine Pause auf der Jagd ein. Er setzte sich auf einen Hochsitz, nahm den Rucksack vom Buckel, öffnete ihn und entdeckte zwischen Butterbrot und Apfelsaftflasche die kleine gelbe Eule. »Was zum Kuckuck machst du hier?« fuhr der Eulenvater die kleine gelbe Eule an. »Ich denke, du bist zu Hause bei deinen Geschwistern!« Die kleine gelbe Eule strahlte über ihr ganzes Gesicht und piepte: »Bin ich nicht. Ich gehe mit dir auf die Jagd, daß du's weißt – genau so, wie seit ewigen Zeiten versprochen!« »Na gut, wenn du schon mal da bist – fliegen wir eben zusammen los! Setz dich auf meinen Kopf, und halt dich gut fest!« sagte der Eulenvater. Die kleine gelbe Eule kletterte auf dem Kopf der großen Eule und hielt sich gut am Gefieder fest. Dann flogen die beiden zusammen weiter und drehten große Kreise über dem Wald mit den dunklen Tannen auf der Suche nach Mäusen und anderem Getier. Erst gegen Morgen, kurz vor Sonnenaufgang, kehrten der Eulenvater und die kleine gelbe Eule nach Hause zurück.

Der Eulenvater und die kleine gelbe Eule wurden von zwei aufgeregten, flügelschlagenden, wütenden kleinen Eulen empfangen. Von zwei Eulen, die nicht länger rot und blau waren wie bisher, sondern giftgrün vor Eifersucht auf die kleine gelbe Eule, der es gelungen war, mit dem Vater auf die Jagd zu gehen. »Einfach abzuhauen! Uns nicht mitzunehmen! Du hast wohl einen Vogel!« kreischten aufgebracht die beiden giftgrünen Eulen und hackten mit ihren Eulenschnäbeln auf die kleine gelbe Eule ein. »Nur Ruhe, meine Kinder«, versuchte der Eulenvater seine drei Sprößlinge zu beruhigen. »Laßt uns die Angelegenheit klären! Was können wir tun, damit sich eure Empörung legt?«

Die kleine gelbe Eule sagte keinen Piep. Vor Schreck hatte sie sich hinter dem breiten Rücken des Vaters versteckt. Die beiden giftgrünen Eulen schäumten weiter vor Wut und keiften: »Eine Unverschämtheit – uns einfach zu Hause zu lassen. Wir wollen auch auf die Jagd. Sofort. Auf der Stelle!« Doch von giftgrünen Eulen, die vor Wut schäumen und zetern, hielt der Eulenvater gar nichts. Er schloß die Augen und sagte: »So nicht, meine Lieben!« Da kroch die kleine gelbe Eule vorsichtig hinter dem Rücken des Eulenvaters hervor und piepte: »Vielleicht können wir immer abwechselnd mit dir auf die Jagd gehen. Morgen ist die rote Eule an der Reihe, übermorgen die blaue und überübermorgen ich!« Der Eulenvater öffnete seine Augen wieder, rollte seine Augen einmal nach links und einmal nach rechts – ein Zeichen für tiefes Nachdenken –, kratzte sich mit seinem Schnabel am Gefieder und knurrte: »Kein schlechter Vorschlag, aber ich habe noch einen besseren. Wir gehen alle zusammen auf die Jagd. Die kleine gelbe Eule sitzt während des Fluges auf meinem Kopf, die kleine rote Eule auf meinem rechten Flügel und die kleine blaue Eule auf meinem linken Flügel!« »Der Platz auf deinem Kopf ist der beste!« rief jetzt sofort das älteste Eulenkind. »Die gelbe hat doch schon auf deinem Kopf gesessen. Du ziehst sie vor! Können wir nicht täglich tauschen? Das wäre gerechter. Ich will auch mal auf deinem Kopf sitzen!« Der Eulenvater antwortete: »Gerecht, gerecht – was heißt das schon. Die kleine gelbe Eule soll auf meinem Kopf sitzen, weil sie am wenigsten wiegt und ich dann besser fliegen kann und nicht weil ich sie vorziehen will! Ihr seid zu schwer für meinen Kopf, deshalb sollt ihr auf meinen Flügeln sitzen!« Nach einigem aufgeregtem Gezanke waren die kleinen Eulen schließlich mit allem einverstanden.

Diesmal machte der Eulenvater sein Versprechen tatsächlich wahr. Kaum war es dunkel geworden, da rief er: »Meine Lieben, es geht los!« Aufgeregt kletterten die kleinen Eulen auf ihre Plätze. Weil sie keinen Grund mehr hatten, auf die kleine gelbe Eule eifersüchtig zu sein, wurden aus den giftgrünen Eulen wieder eine kleine rote und eine kleine blaue Eule. »Rot und blau gefallt ihr mir besser als giftgrün«, sagte der Eulenvater. »So seht ihr viel freundlicher aus!«

Tips für Eltern

»Natürlich haben wir euch alle gleich lieb!« Diesen Satz hören alle Kinder, die Geschwister haben, von ihren Eltern, doch viele zweifeln daran. Die einen denken: Stimmt nicht, mich haben sie viel lieber als die anderen! Die anderen meinen: Blödsinn. Die anderen haben sie viel lieber als mich!

Die Wahrheit ist: Weil Geschwister immer unterschiedlich sind, ist die Liebe zu ihnen nie die gleiche. Eltern versuchen, jedes Kind in seiner Einzigartigkeit zu sehen. Das eine ist zum Beispiel besonders sensibel, das andere besonders aktiv und so weiter.

Weil Mütter und Väter jedes ihrer Kinder als Individuum sehen, weil sie die unterschiedlichen Persönlichkeiten jeweils wahrnehmen und achten, weil sie akzeptieren, daß jedes ihrer Kinder anders ist, ist auch ihre Liebe zu jedem Kind einmalig: eben jeweils etwas ganz Besonderes. Liebe – dieses einmalige

Gefühl setzt sich immer aus unterschiedlichen Facetten zusammen. Mal überwiegt die Sorge, mal die Zärtlichkeit, dann kommt Stolz dazu ... Weil jedes Kind besonders ist, mischen sich auch die Gefühle, die die Liebe ausmachen, jeweils in besonderer Weise.

So können Sie der Eifersucht gegensteuern:

- Das Grundbedürfnis von Kindern heißt Gerechtigkeit. Gerechtigkeit im Umgang mit Kindern, Gleichbehandlung von A bis Z läßt sich jedoch nicht verwirklichen, darüber muß man mit den Kindern reden – nicht erst im Konfliktfall, wenn Eifersucht aufkommt, sondern bereits im Vorfeld. Die Geschichte von den giftgrünen Eulen kann den Einstieg in solch ein Gespräch sicherlich erleichtern.
- Mit Kindern viel über ihre Einmaligkeit sprechen, ihnen im Alltag immer wieder zeigen, wie gut man sie kennt, wie sehr man sie als eigenständiges Individuum achtet und ihre Persönlichkeit wahrnimmt. Nicht nur darüber reden, sondern den Kindern im Alltag diesen Respekt auch zeigen.
- Nicht kopfschüttelnd und genervt gen Himmel schauen, sondern Geduld und Verständnis dafür aufbringen, wenn Geschwister auf gerechte Verteilung von allem pochen – von Schmusen bis Schokoladenpudding – und argwöhnisch beäugen, wenn ein Bruder, eine Schwester ein paar Bonbons oder Streicheleinheiten mehr erhascht als andere.
- Nicht immer alle Geschwister über einen Kamm scheren, sondern mit jedem mal Einzelkind spielen, mit ihnen Sonderaktionen planen, zum Beispiel: »Heute gehe ich ganz allein mit dir zum Schwimmen.«
- Akzeptieren, daß es Phasen gibt, in denen Mutter oder Vater dem einen Kind mal näher stehen als dem anderen, dann aber vorsichtig gegensteuern, für einen Ausgleich sorgen: Vielleicht haben die Großeltern jetzt besonders viel Zeit für diesen Enkel?

Wenn Geschwister
nicht zusammenhalten ...

Die Geschichte von der Schleifen-
prinzessin

Immer – morgens, mittags, abends und sogar nachts – trägt die Schleifenprinzessin Schleifen im Haar. Montags gelbe Schleifen, dienstags
rote, mittwochs grüne, donnerstags blaue, freitags violette, samstags
rosa Schleifen. Drei Schleifen vorne in den Locken, eine Schleife hinten im Nacken, so kennen die Leute die Schleifenprinzessin. »Chic sieht
sie heute wieder aus«, sagen sie, wenn die Schleifenprinzessin morgens in die Straßenbahn steigt, um in die Schule zu fahren. Sie bewun-
dern die Prinzessin mit ihren gelben, roten, grünen, blauen, violetten
oder rosa Schleifen im Haar. Und sie mögen auch die feinen Kleider
der Prinzessin mit Schleifen am Gürtel, am Kragen und auf den Ta-
schen. »Aber warum ist sie immer so ernst, so traurig?« fragen die Leute.
Keiner weiß es.

Die drei Schwestern der Schleifenprinzessin halten dagegen nichts
von dem ganzen Schleifen-Tamtam, von dem Getue mit Gelb, Rot,
Grün, Blau, Violett, Rosa und Buntgestreift. Und erst recht nichts von
Kleidern mit Schleifen. »Viel zu affig«, sagen sie, »und viel zu blöde!«
Die drei Schwestern haben kurze, praktische Ponyfransen – nach dem
Waschen einmal kurz schütteln, und ruck, zuck sind die Haare trok-
ken. Sie mögen Jeans, Pullover und Gummistiefel. Alles ohne Schlei-
fen.

Die drei Schwestern hocken immer zusammen. Morgens essen sie
zusammen ihr Müsli und fahren zusammen zur Schule. Nachmittags
spielen sie zusammen im Schloßgarten Verstecken. Sie sind quietsch-
vergnügt und bestens gelaunt, jedenfalls meistens. Und um die Schleifenprinzessin machen sie einen großen Bogen, denn es macht keinen
Spaß, mit ihr zu spielen. »Sie macht nie richtig mit«, sagen sie. »Klettert

nicht auf Bäume, weil ihr Kleid schmutzig werden könnte! Tobt nicht durch den Garten, weil sich ihre Schleifen lösen könnten. Sie ist zu nichts zu gebrauchen!« Wenn die Schleifenprinzessin fragt, ob sie mitspielen darf, sagen die drei Schwestern einfach »Nein!«, laufen weg und lachen dabei auch noch.

Sie sind gemein, denkt die Schleifenprinzessin. Wenn sie mich nicht dabeihaben wollen, frage ich eben meine Freundinnen aus der Schule, ob sie mich besuchen! Sie ruft ihre Freundinnen an: »Besucht ihr mich?« Die Freundinnen aus der Schule haben keine Lust, die Schleifenprinzessin zu besuchen. Immer wieder haben sie andere Ausreden, warum sie nicht kommen können. So ist die Schleifenprinzessin fast immer allein. Sie schläft allein in ihrem Prinzessinnenzimmer mit der Schleifentapete an den Wänden, ißt allein ihr Frühstücksei, spielt allein mit ihren Prinzessinnenpuppen, die auch lauter Schleifen im Haar haben. Aber immer und ewig allein schlafen, essen und spielen gefällt der Schleifenprinzessin nicht. »Wie langweilig und öde«, sagt sie. Wie gerne würde sie draußen bei ihren Schwestern sein. Wie gerne mit ihnen Unsinn machen und vor Freude singen.

Wenn sie ihre Schwestern durch den Schloßgarten toben hört, steht sie immer häufiger am Fenster und schaut ihnen zu. Dann steckt sie zwei Finger in den Mund – meist den Zeige- und den Mittelfinger – und kaut an den Nägeln. Mit der anderen Hand zupft sie alle Schleifen im Haar auf und seufzt. Einmal, zweimal, dreimal seufzt sie und ganz leise, denn niemand soll merken, daß sie Kummer hat.

Lachen die drei Schwestern draußen im Schloßgarten besonders laut und fröhlich, hält sie sich die Ohren zu und geht ganz schnell wieder zu ihren Prinzessinnenpuppen. Sie reißt den Puppen schnell und ungeduldig die Schleifen aus den Locken und denkt: Es macht nicht den geringsten Spaß, mit Puppen zu spielen! In hohem Bogen fliegen die Puppen in die Ecke, und die Schleifenprinzessin kriecht am hellen Tage in ihr Prinzessinnenbett und zieht sich die Decke über den Kopf.

Die Königin und der König machen sich langsam Sorgen. Mit jedem neuen Tag sieht die Schleifenprinzessin trauriger aus. Ihr kleines Gesicht – wie blaß und wie müde! Die Fingernägel – ganz kurz gebissen. Die Locken – strähnig und kraftlos. Selbst die Schleifen sitzen krumm und schief im Haar. »Da muß etwas geschehen«, sagt die Königin. Und der König stimmt ihr bei: »Sofort und auf der Stelle muß etwas gegen den Trübsinn getan werden!« König und Königin gehen in einen Hundesalon, kaufen einen kleinen schwarzen Kläffer mit dicken Pfoten und spitzer Schnauze namens Augustin. Er soll ein Geschenk sein. »Vielleicht baut das Hündchen unsere Schleifenprinzessin wieder auf«, sagen sich die Königs. Und wirklich: Sie behalten recht. Das Hündchen muntert die Prinzessin wieder auf, und wie!

Die Schleifenprinzessin ist begeistert von dem kleinen schwarzen Kläffer. Sie streichelt Augustin, nimmt ihn auf den Arm, drückt ihn fest und flüstert in sein Fell: »Jetzt bin ich nicht mehr allein!« Die beiden, Augustin und Schleifenprinzessin, sind gleich dicke Freunde. Die allerdicksten Freunde. Und das beste an der Sache: Augustin mag Schleifen! Denn mit Schleifen kann man wunderbar spielen. Die Schleifenprinzessin lacht sich kringelig, wenn er in ihre frischgewaschenen, frischgestärkten, frischgebügelten Schleifen beißt. Wenn er daran schnuppert, daran lutscht und zum Schluß die Schleifenbänder aufzieht. Schleifenbänder aufziehen ist Augustins Lieblingsspiel.

Die Leute erkennen die Prinzessin kaum wieder. »Wie verwuschelt und zerruschelt sie jetzt immer aussieht. Zerknüddelte Schleifen, zerknittertes Kleid. Wieso auf einmal?« fragen sie sich, wenn die Prinzessin morgens zu ihnen in die Straßenbahn steigt, um in die Schule zu fahren. »Nicht so wichtig«, sagen sie. »Viel wichtiger ist, daß sie jetzt froh und munter ist und nicht mehr so ernst. Jetzt geht es ihr gut!« Darüber freuen sie sich.

Die drei Schwestern wissen natürlich längst von dem kleinen schwarzen Kläffer, der jetzt im Prinzessinnenzimmer mit der Schleifentapete an den Wänden wohnt. Und natürlich sind sie äußerst neugierig auf dieses Hündchen mit Namen Augustin. Ganz vorsichtig öffnen sie die Tür, und ebenso vorsichtig fragen sie, ob sie vielleicht einmal ein bißchen mit dem kleinen schwarzen Kläffer spielen dürften. Sie dürfen. Eine Schleifenprinzessin mit lauter zerlöcherten, zerknitterten Bändern statt mit frischgewaschenen, frischgestärkten, frischgebügelten Schleifen im Haar sitzt mitten im Prinzessinnenzimmer auf dem Boden, lächelt sie an und sagt: »Klar dürft ihr. Kommt rein!« Die drei Schwestern stürzen sich auf Augustin. Und Augustin läßt sich so viele Hände, die ihn kraulen und streicheln, gerne gefallen. Er schnurrt wie ein Katze vor Behagen, obwohl er doch ein Hund ist.

Zum ersten Mal seit ewigen Zeiten sitzen alle vier Schwestern zusammen. Sie hocken mitten im Prinzessinnenzimmer auf dem Boden, lachen und spielen mit Augustin. Schleifen ja oder Schleifen nein – das alles interessiert nicht länger. Ist doch nicht wichtig. Jetzt interessiert nur noch der kleine schwarze Kläffer. Und an dem haben alle zusammen ihren Spaß. Der Schleifenprinzessin geht es jetzt richtig gut – kein Hauch mehr von Traurigkeit und Kummer. Sie genießt es, mit ihren Schwestern zusammenzusein. Und wer weiß, vielleicht schauen demnächst ein paar Kinder aus ihrer Klasse vorbei.

Auch den Schwestern der Schleifenprinzessin gefällt das neue Leben. Nicht nur mit Augustin können sie wunderbar spielen und toben, sondern jetzt auch mit ihrer Schwester. Denn die Schleifenprinzessin ist kein bißchen etepetete mehr, nicht mehr dauernd frisch gestärkt und gebügelt, sondern endlich fröhlich – einfach so wie andere Kinder.

Tips für Eltern

»Meine Geschwister lassen mich nicht mitspielen oder hauen einfach ab, wenn ich auftauche.« Oder sie machen sich lustig. Oder haben nur noch Augen für neue Freunde. Daß die Welt innerhalb und außerhalb der Familie nicht immer lieb und nett ist, daß Geschwister und Freunde nicht nur verständnis- und liebevoll miteinander umgehen – das sind oft die ersten bitteren Erfahrungen, die ein Kind macht.

Wird das eigene Kind beim Spielen ausgegrenzt, leiden die Eltern mit – gerade und besonders, wenn sich der Konflikt fern ab von der Familie abspielt, in der Schule, im Sportverein – da, wo Mütter und Väter keinen oder kaum Einfluß haben. Aber auch unter Geschwistern wird ausgegrenzt.

So können Sie helfen:

- Mitgefühl zeigen: »Du bist nicht allein. Wir sind da und helfen zu dir!«
- Das Selbstwertgefühl stärken: Dem Kind Erfolgserlebnisse verschaffen, neue Interessen wecken. Es loben, wenn es etwas zu loben gibt.
- Nach den Ursachen forschen: Was steckt dahinter? (Eventuell Hilfe suchen bei einer Beratungsstelle.)
- Auf den Kummer eingehen, die Probleme aber nicht dramatisieren und durch viel Reden aufbauschen, sondern Mut machen, gemeinsam und schnell nach praktikablen Lösungen suchen, alle Geschwister in das Gespräch mit einbeziehen (die Geschichte von der Schleifenprinzessin könnte als Ausgangspunkt dienen).
- Von eigenen Erfahrungen berichten und so signalisieren: »Was dir geschieht, erleben auch andere!« und »Die Wunden heilen wieder!« Worte und Erklärungen können aber nur ein schwacher Trost sein.
- Gerade beim Geschichtenerzählen, Geschichtenvorlesen, wenn alle ruhig und gemütlich beieinander sitzen, ergibt sich manchmal die Gelegenheit, Fragen zu stellen, die über den »Alltagsbetrieb« hinausgehen – Fragen wie:
  - »Kennst du Kinder, die nicht mitspielen dürfen, wenn die anderen herumtoben?«
  - »Darfst du immer mitmachen?«
  - »Warum stehen manche Jungen, manche Mädchen immer abseits? Wie kann man sie einbeziehen?«

Suchen Sie mit den Kindern gemeinsam nach Antworten und Lösungen.

Wenn Geschwister streiten …

Die Geschichte vom Ufo im Kinderzimmer

Fünf, vier, drei, zwei, eins – null: Der Start klappt reibungslos. Eine spiegelblanke Rakete hebt langsam ab und startet Richtung Mond. Die Astronauten machen es sich gemütlich in ihrer Rakete und gucken aus dem Fenster: »Mal sehen, wie die Erde von oben aussieht!« Nicht die Erde sehen sie, sondern in ein großes rundes Ding. Ein silberglänzendes Ding, das auf gleicher Höhe mit der Rakete durch die blauen Lüfte segelt und ausschaut wie ein umgedrehter Suppenteller. In dem umgedrehten Suppenteller hocken erbsengrüne Männchen: kleine, fipsige Kerlchen, die über beide Ohren grinsen und winken. »Ufo in Sicht!« brüllen die Astronauten in der Rakete. Sie sind total aus dem Häuschen vor Aufregung und funken sofort zur Erde: »Unbekanntes Weltraumobjekt entdeckt mit erbsengrünen Männchen an Bord!«

Ausgerechnet jetzt, ausgerechnet in dem spannendsten aller spannenden Momente, poltert der Lange ins Zimmer und knurrt: »Wieso hast du deine Schuhe nicht weggeräumt? Wieso hast du das Frühstücksgeschirr nicht abgewaschen? Wieso hockst du hier in deinem Zimmer, spielst vor dich hin und läßt den Haushalt Haushalt sein? Soll ich etwa für jedes und alles zuständig sein! Ich bin doch nicht dein Putzlappen!« Der Lange ist in Fahrt. Und wie! Er steht, Beine gegrätscht, Arme in die Hüften gestemmt, mit knallroter Birne vor dem Runden, plustert sich auf und schimpft und schimpft und findet kein Ende mit dem Schimpfen.

Der Runde hört und sieht den Langen gar nicht. Er sieht nur seine Rakete und sein Ufo. Aber die Rakete ist keine echte spiegelblanke Rakete und das Ufo kein echtes silberglänzendes Ufo mehr. Plötzlich verwandeln sich Rakete und Ufo wieder in Spielzeuge, in ganz normale Sachen, die nur so tun, als könnten sie fliegen. Auch die Astronauten haben sich in Luft aufgelöst, und die kleinen erbsengrünen Männchen sind ebenfalls verschwunden. Alles ist futsch, ist nur noch eine Erinnerung: Die ganze Geschichte ist zerplatzt wie eine Seifenblase. Der Runde weiß genau: Träume lassen sich nicht zurückholen, das Spiel ist dahin. Wie ein Gummiball hüpft er durchs Zimmer und schreit wütend: »Langer, du störst. Merkst du nicht, daß du störst? Wir waren gerade auf dem Weg zum Mond. Meine Astronauten hatten ein Ufo entdeckt mit grünen Männchen an Bord. Und ausgerechnet da stolzierst du ins Zimmer, trampelst mitten in mein schönstes Spiel und machst alles kaputt mit deinem blöden Gemecker. Warum kannst du mich nicht in Ruhe zu Ende spielen lassen? Warum mußt du im unpassendsten Augenblick in mein Spiel platzen?«

Der Runde brüllt, der Lange tobt – und dann ist auf einmal Ruhe. Der Lange hängt total erschöpft auf einem Stuhl. Der Runde liegt mitten im Zimmer auf dem Rücken, wie ein dicker Pfannkuchen mit Armen und Beinen. Der Runde ist nicht mehr wütend. Er ist nur noch traurig und weint dem tollsten aller tollen Astronauten-Ufo-Spiele nach. »Das Spiel war einmalig. Das hat mir so viel Spaß gemacht!« jammert er. Und dann kommen Tränen. Dicke, salzige Tränen. Ein richtiger Sturzbach von Tränen. Sie laufen und laufen, bis sich der Runde richtig ausgeweint hat und nur noch trocken schluchzen kann. Jetzt hat er sich seinen Kummer aus der Seele geweint. Endlich beruhigt er sich langsam und merkt, daß der Lange sich müht, ihn zu trösten. Eine Weile schon redet er auf den Runden ein, sanft und liebevoll – kein Schimmer mehr von Schimpfen. Der Lange sagt: »Konnte ich doch nicht wissen, daß du gerade mitten im allerschönsten Spiel warst. Tut mir leid, daß ich dich gestört habe! Wollen wir uns wieder vertragen?« »Na klar«, sagt der Runde und schluckt den letzten kleinen Rest Kummer hinunter. Jetzt liegen beide nebeneinander auf dem Boden – der Runde auf dem Rücken, der Lange auf dem Bauch – und denken sich neue Weltraumspiele aus für Rakete und Ufo, für Astronauten und kleine grüne Männchen. Der Lange verspricht, den Runden nie wieder beim Spielen zu stören. »Wenn ich dir etwas sagen will, warte ich beim nächsten Mal ab, bis du fertig bist mit Spielen!«

Tips für Eltern

Eine klassische Familiensituation: Im Kinderzimmer ist die Ruhe dahin, Geschwister geraten sich in die Wolle – mit Geschrei, Geheule und dicken Tränen. Angespannt lauschen Mutter und Vater: »Was wird daraus?«

So können Sie helfen:

- Wenn ihre Kinder weinen, sind Eltern meist darauf aus, die Tränen schnell zu trocknen: »Hör doch auf zu weinen. Noch einmal schniefen, und dann ist alles gut!« Viele Mütter und Väter können Kindertränen einfach schlecht ertragen, weil sie mitleiden, weil sie keinen Streit aushalten und sich nach Harmonie und Frieden sehnen, weil sie sich verantwortlich fühlen für den Kummer und sich Vorwürfe machen: »Warum müssen die Kinder dauernd streiten? Wo liegt die Ursache für die Spannung, die hier in der Luft liegt? Wieso gelingt es uns nicht, die Streitereien zu verhindern?« Manchmal machen ihnen die Tränen auch angst, weil sie sie an eigene Verletzungen erinnern, die immer noch weh tun. Sie sollten die Tränen auch mal fließen lassen, denn Tränen können einen befreiende Wirkung haben und der Seele guttun.
- Sie sollten nicht jeden Kinderstreit auf die Goldwaage legen, sondern möglichst gelassen darauf reagieren: »Das gehört dazu, das ist eben so!« Meist sinnvoller als einzugreifen ist es, Tür hinter sich zuzumachen und darauf zu vertrauen, daß die Kinder ihren Streit alleine regeln. Oft gelingt das auch. Eine Gardinenpredigt schadet mehr, als sie nützt, denn die Folge davon ist: Jetzt sind alle geladen, aufgeregt und genervt. So artet das kleine Geschwistergezänk schnell in einen Familienkrach aus.
- Das Thema Zank und Streit eventuell anderntags, wenn Ruhe eingekehrt ist, gezielt und ganz in Ruhe besprechen. Die Geschichte vom Runden und vom Langen kann als Aufhänger dienen für solch ein Gespräch – eine Diskussion, die hilft, Ursachen für die Familienquerelen aufzuspüren, Ordnung in die eigenen Gedanken und Gefühle zu bringen und neue Normen zu verabreden, die helfen, das Familienleben zu regeln.

Wenn Kinder
ihre Eltern beschimpfen ...

Die Geschichte von der Fuchsfamilie

Seit mehreren Wochen schon ist Friedrich, ein kleiner Fuchs mit rostrot-weißem Schwanz, einfach unmöglich. Von morgens bis abends ärgert Friedrich seine Geschwister. Er nimmt ihnen ihr Spielzeug weg, kitzelt sie, versperrt ihnen den Weg in die Fuchshöhle und zieht sie am Schwanz, wenn sie am Tisch sitzen. Wenn sich seine Fuchsgeschwister bei der Mutter beschweren, wenn die Fuchsmutter mit Friedrich redet – »Warum nur bist du so unausstehlich, warum nur bist du so gemein zu deinen Geschwistern?« –, dann wird Friedrich erst recht grantig. Er steht dann morgens nicht auf oder ärgert die anderen Füchse in der Schule. Er macht keine Hausaufgaben, gießt klebrigen Himbeersirup über das Sofa und putzt sich nicht mehr die Zähne. Friedrich bellt seine Mutter an: »Du hast mir überhaupt nichts zu sagen!«

Die Füchsin ist ratlos: Was nur ist mit ihrem kleinen Friedrich geschehen – mit ihrem Sonnenscheinfüchschen? In ihrer Rat- und Hilflosigkeit gibt sie ihm eine Ohrfeige, als er sie wieder einmal anblafft: »Du blöde Zimtziege von Mutter!« Gleich darauf muß die Füchsin weinen. Nie wollte sie ihre Kinder schlagen, nie – denn Schläge findet sie einfach fürchterlich.

Am wenigsten mag Friedrich seine große Schwester. »Das ist eine Streberin!« sagt er. Immer und überall will sie die Beste sein. Die Beste beim Fuchsbaubauen, die Beste beim Katzenverfolgen, die Beste beim Mäusefangen, die Beste beim Hundeerschrecken. Seine große Schwester hält sich für ungeheuer klug, meint Friedrich. Alles weiß sie besser und nervt Friedrich mit Ratschlägen wie: »Du könntest häufiger in deine Bücher schauen und das Einmaleins für Füchse üben, statt durch Wälder und Felder zu strolchen!« Selbst wenn sie ihm sein Fuchsfell bürstet, hat sie dauernd etwas zu meckern: »Wenn du dein Fell häufiger wüschest, würde es mehr glänzen!«

Die kleine Fuchsschwester ist ein besonders schlaues Füchslein. Sie ist nicht nur schlau, sondern auch bildhübsch. Sie hat ein kleines weißes Stupsnäschen, eine buschigen, wundervoll gebogenen Fuchsschwanz und zarte kleine Pfötchen – alles ganz besonders süß.

Friedrich jedoch kann seine wunderschönen, klugen, tüchtigen Schwestern kaum ertragen und wird schon sauer, wenn er sie nur am Horizont auftauchen sieht. Eines Tages sitzt er in der Abenddämmerung vor dem Fuchsbau, wirft Steine nach seinen Schwestern, die einen Abendspaziergang über die Wiesen machen, und knirscht wütend und laut mit den Zähnen vor schlechter Laune. »Warum knirschst du so wütend und laut mit den Zähnen?« fragt der Holunderbusch, der neben dem Fuchsbaum wächst. »Keine Ahnung!« knurrt Friedrich. Der Holunderbusch sagt: »Ich beobachte dich schon lange. Du gefällst mir! Du bist ein mutiger kleiner Fuchs. So wie du erschreckt kein anderer Fuchs die Hunde, die hier herumstromern. Und außerdem bist du schlau, das sieht man dir an deiner Fuchsnasenspitze an!«

Zum erstenmal in seinem Leben wird der kleine Fuchs Friedrich bewundert. Noch nie hat einer gesagt, daß er mutig und schlau sei. Das hört er nur zu gerne. Lächelnd, plötzlich allerbester Laune und mit stolz geschwellter Brust tänzelt Friedrich über die Wiese und strahlt seine Mutter an, die ihm entgegenkommt. »Was ist denn das ?« sagt sie. »Ein freundlicher kleiner Fuchssohn kommt mir entgegen. Ein Füchschen, das vor Freude den Vollmond anlächelt – herrlich, wie schön!«

Der Holunderbusch nimmt sich vor, mit der Füchsin demnächst mal zu reden, ihr zu erzählen, wie sehr er den Friedrich mag. Vielleicht freut sie das. Ein paar Tage später ergibt sich für den Holunderbusch eine Gelegenheit dafür. »Ihr Söhnchen, liebe Füchsin«, sagt der Holunderbusch, »ist ein munterer kleiner Kerl. Ich bewundere seine Wagemut. Sie können stolz auf ihn sein!«

Auf diesen Halodri, auf diesen dauernden Störenfried soll sie stolz sein? Auf diese Idee ist die Füchsin bislang nicht gekommen. Sie hat sich immer nur aufgeregt über den Schlawiner. Sie hat nur seine Missetaten wahrgenommen und darüber hinaus nichts mehr gesehen. Vielleicht sollte ich meinem Söhnchen einfach mal sagen, wie lieb ich es doch habe, denkt sie sich. Gedacht, getan: Friedrich strahlt, als ihn seine Mutter feste in die Arme nimmt und knuddelt. Danach ist er bester Laune – den ganzen Tag.

Tips für Eltern

Im Kindergarten lernen sie »Verpiß dich, du alte Kuh!« zu sagen oder »Du saublödes Arschloch!«. Selbstverständlich, daß dieses neue Können überall, vor allem zu Hause, gerne erprobt sein will – manchmal nur aus Neugierde: Mal gucken, was Mami und Papi dazu sagen.

So können Sie gegensteuern:
● Verzichten die Großen auf lange Auseinandersetzungen, auf das große Schimpfen, reagieren sie mit stoischer Gelassenheit auf Schimpfwörter, mit einem uninteressierten, ruhigen »Ich mag nicht hören, was du mir da sagst, weil …!« oder überhören sie ab und zu möglichst ungerührt, dann wird dieses Spiel für die Kinder schnell uninteressant. Lassen sie sich dagegen auf die Provokation ein, wird oft ein ewiges Hickhack daraus – ein richtiges Schimpfduell. Und weil Kinder einen langen Atem und gute Nerven haben, gehen sie meist als Sieger aus diesem Kampf hervor.
● Wenn sich die Schimpfereien häufen und mehr sind als eine harmlose Provokation, wenn Eltern es satt haben, als »Zimtziege« tituliert zu werden, müssen sie konsequent klare Grenzen aufzeigen: Es reicht! Bis hierhin und nicht weiter! Die Attacken geben sich meistens, wenn Kinder merken, daß es ihre Eltern ernst meinen. Dafür haben sie ein feines Gespür.
● Mitunter schaukeln sich Familienstreitigkeiten allem Bemühen um Gelassenheit zum Trotz hoch. Zuerst gibt es nur ein Reizthema, an dem sich permanent Streit entzündet – zum Beispiel das Thema Aufräumen. Gelingt es nicht, diesen Dauerbrenner zu befrieden, wird im Anschluß mitunter um zig andere Dinge gestritten. Fühlt sich das Kind in solchen Auseinandersetzungen immer unterlegen oder immer gegängelt, wehrt es sich oft durch ständiges Querschießen und entwickelt sich zum Rebellen.
● Manchmal ist die Situation leider ernster: Dann meinen Kinder das, was sie sagen, und beschimpfen ihre Eltern verzweifelt, treten vielleicht sogar nach

ihnen oder schlagen sie. Mit Provokation, mit Frechheit hat das in der Regel nichts mehr zu tun, und mit Ignoranz kommen die Erwachsenen nicht weiter. Hier müssen sie sich genau überlegen: Was läuft in unserer Beziehung schief? Was bringt unser Kind so in Rage?

- Gerät ein Kind völlig außer sich, mehren sich Tobsuchtsanfälle und wüste Schimpfereien, dann ist das ein Ausdruck von Verzweiflung. Raufbolde, die andere angreifen, sind oft selbst in Not. Sie brauchen Hilfe und keine Strafen. Mit ein paar guten Ratschlägen läßt sich diese Verzweiflung also nicht aus der Welt schaffen. Wichtig ist dann, daß sich Eltern und Kind viel Zeit füreinander nehmen – Zuwendung hat eine heilsame Wirkung. Erzählen Sie Ihrem Kind in Ruhe die Geschichte vom kleinen Fuchs – vielleicht entdeckt es sich selbst darin wieder. Eventuell sollten Sie sich auch an eine Erziehungsberatungsstelle wenden und Hilfe holen.

Wenn Mutter und Kind streiten …

Die Geschichte vom Clown und der Quengelmaus

Mit Bine ist nicht gut Kirschen essen. Sie hat schlechte Laune – und wie! Nichts ist ihr heute recht: nicht das Regencape, das sie anziehen soll, weil es draußen schüttet, nicht die Gummistiefel, nicht die Einkaufsfahrt in den Supermarkt. Sie quengelt in einem fort: »Will nicht!« und »Nein!«

Im Supermarkt wird Bine von einer freundlichen Verkäuferin gefragt, ob sie ein Würstchen haben möchte. Bine muffelt die Verkäuferin an, sagt laut »Nein«, läuft weg und versteckt sich hinter der Tiefkühltruhe. Langsam wird Bines Mutter ungeduldig. Sie findet ihre Tochter hinter der Tiefkühltruhe, schaut ihr tief in die Augen und sagt nachdrücklich: »Bine, so geht das nicht! Du kannst nicht nur und immer ein lautes Nein zu allem und jedem sagen. Sei bitte einigermaßen friedlich, und laß uns in Ruhe unsere Einkäufe machen!« Bine schaut trotzig zurück, hängt sich zum Ärger ihrer Mutter so an den Einkaufswagen, daß er kippelt, läßt ihn wieder los, rennt durch die Gänge zwischen den Regalen, sammelt Kekspackungen, Chipstüten, Schokoladentafeln und Limodosen ein, verstaut alles im Einkaufswagen und sieht ihre Mutter stumm aus großen Augen an – mit einem ziemlich frechen Blick. Bines Mutter will sich nicht streiten. Ruhig sagt sie: »Wir wollen keine Kekse, Chips, Schokolade und Limo einkaufen. Bring die Dinge bitte wieder zurück!« Bine sagt laut und deutlich und ebenso ruhig: »Nein!«

Bines Mutter nimmt die Kekspackungen, Chipstüten, Schokoladentafeln und Limodosen aus dem Einkaufswagen und ordnet sie wieder in die Regale ein. Bine folgt ihr jammernd: »Du bist gemein! Warum bekomm' ich denn keine Kekse?« Sie zieht an dem Mantel ihrer Mutter, am Ärmel und am Gürtel. Bines Mutter macht jetzt auf dem Absatz kehrt und faucht ihre Tochter an: »Laß mich meine Einkäufe machen, laß mich in Ruhe, und raub mir nicht die letzten Nerven!« Bine quengelt jetzt erst recht : »Ich will ein Eis!« »Du glaubst doch nicht, daß du jetzt ein Eis bekommst! Gib erst einmal Ruhe!« sagt ihre Mutter, die ihrer Tochter jetzt den Rücken zudreht und sie einfach stehenläßt.

Bine wandert wieder zwischen den Regalen entlang, gibt einer Waschmitteltonne einen Fußtritt und einem Einkaufswagen mit Schwung einen Stubs. Sie biegt um eine Ecke, und plötzlich steht vor ihr, mitten im Weg ein großer, dicker Clown in einem weiten blauen Gewand mit roten Sternchen, mit weiß geschminkten Wangen und Augenhöhlen, mit einem riesigen, kirschroten Mund, mit gelben Punkten auf Stirn und Kinn und kohlschwarz umrandeten Augen. Der Clown stützt die Arme in die Seite, sieht Bine kopfschüttelnd an und sagt mit tiefer Stimme: »Haben wir hier eine Quengelmaus, die reichlich schlecht gelaunt ist. Die kein bißchen fröhlich ist – nur knarzig und knorzig. Was ist denn heute in dich gefahren? Warum bist du wütend auf alles – auf deine Mami, auf die arme Waschmitteltonne, der du einen Fußtritt versetzt, und auf den Einkaufswagen, den du zur Seite boxt?«

Mitten im Supermarkt auf einmal ein Clown – Bine bekommt zuerst einen gehörigen Schrecken. Aber der Clown sieht so lustig aus in seinem weiten blauen Gewand mit den roten Sternchen, er schaut so fröhlich auf Bine herab, und seine tiefe Stimme klingt so freundlich, daß Bine ihre schlechte Laune und ihr Quengeln tatsächlich sofort vergißt. Sie strahlt den Clown an und sagt: »Wieso bist du im Supermarkt?« Der Clown erzählt ihr, daß er im Supermarkt für gute Laune sorgt. Daß er Quengelmäuse fröhlich macht und gehetzte Einkäufer auch. Daß er Seifenblasen pustet, damit alle was zum Lachen haben. Der Clown bringt schließlich eine bestens gelaunte Bine zu ihrer Mutter zurück, die erleichtert denkt: Die Quengelei hat ein Ende – herrlich, wie schön!

Tips für Eltern

Immer nur bester Dinge sein, immer pflegeleicht und unkompliziert, das will und schafft kein Kind. Quengelstunden, Schlechte-Laune-Tage gehören dazu. Doch alle Mütter und Väter wissen: Quengeltage kosten Nerven. Wenn es nicht nur seinen Eltern, sondern auch sich selbst das Leben schwermacht mit seinen Quengeleien – wie können Eltern ihrem Kind dann aus der Patsche helfen?

So können Sie gegensteuern:
- Mancher Erwachsene erinnert sich noch gut an weit zurückliegende Kindheitserlebnisse: Ein blödes Gefühl war das, wenn nichts so ging, wie es gehen sollte. Wenn man mehr wollte, als man konnte. Die Folge: Man fühlte sich hilflos, ohnmächtig, völlig von den Großen abhängig, und das machte verflixt schlechte Laune. Wer sich an solche Kindheitserfahrungen noch erinnert, wer sich einfühlen kann, bringt eher Verständnis dafür auf, wenn das eigene Kind manchmal total von der Rolle ist.
- Kinder wollen selbständig sein, wollen frühzeitig über sich selbst bestimmen, und weil sich das einfach nicht schnell und reibungslos machen läßt, geraten sie oft unter Druck: Sie preschen mutig vor, bekommen dann aber Angst vor der eigenen Courage. Daß sie sich selbst in die Enge manövrieren, weder vor noch zurück wollen, macht sie grantig, unausgeglichen und trotzig. Zu allem Überfluß setzen die Großen dann auch noch Grenzen (»Das kannst du nicht. Dieses darfst du nicht …«). Der Konflikt verschärft sich. Die Spannung nimmt zu und entlädt sich häufig in Streitereien.
- Die Wogen glätten sich, wenn es Eltern gelingt, dennoch ruhig und gelassen zu bleiben, sich nicht provozieren zu lassen – leichter gesagt als getan –, das Kind ernst zu nehmen in seiner Verzweiflung (das bedeutet aber nicht, den eigenen Standpunkt gleich aufzugeben, wenn Tränen fließen), das Quengeln und Trotzen richtig einzuordnen, konsequent und klar Grenzen aufzuzeigen.
- Ablenkungsmanöver bringen ein Kind auf andere Gedanken.
- Nicht in einer brenzligen Situation mit dem Kind über den Konflikt sprechen, sondern diese Auseinandersetzung auf später verschieben, wenn sie emotionsloser geführt werden kann. Die Geschichte vom Clown und der Quengelmaus kann als Einstieg dienen.

Wenn ein Kind
die Trennung seiner Eltern verkraften muß …

Die Geschichte von der Alltagsmutter und dem Sonntagsvater

Die Küche ist kleiner als die Küche zu Hause. Sie ist auch nicht so vollgekramt. Moritz sitzt am Tisch und schaut sich um, er sieht lauter Sachen, die er nicht kennt: fremder Toaster, fremde Teekanne, fremdes Frühstücksgeschirr – alles ist fremd in dieser Wohnung, nur der Vater ist Moritz vertraut. »Ich wecke Tina, und dann frühstücken wir gemütlich!« sagt der Vater.

Tina ist die Schwester von Moritz. Die Kinder sind zu Besuch bei ihrem Vater. Vor vier Wochen ist er in die neue Wohnung ein- und zu Hause ausgezogen. Nachdenklich schaut sich Moritz um: Ob sich der Vater hier – allein, ohne seine Familie – wohl fühlt? Wohler als zu Hause? Moritz kann sich das nicht vorstellen. Schon eher kann er sich vorstellen, daß der Vater traurig ist. Daß er Tina und ihn vermißt, vielleicht sogar die Mutter. Hier ist kein Mensch, wenn er heimkommt. Keiner, der sagt: »Spielst du mit uns? Sagst du uns noch gute Nacht?« Wir sind ja nur am Wochenende hier oder mal in den Ferien. Moritz denkt: Ob er uns so vermißt, wie wir ihn vermissen? Klar, die Eltern haben dauernd gestritten. Jeden Tag gab's Krach in letzter Zeit. Jeden Abend im Wohnzimmer. Natürlich hat das genervt. Kein Mensch konnte bei dem dauernden Gezanke und Geschimpfe schlafen. Tina ist dann immer zu mir ins Bett gekrochen, das hat ein bißchen geholfen gegen die Traurigkeit. Wir haben uns gegenseitig Mut gemacht. Diese Zankereien seien ganz normal, hat Tina gesagt, und daß ein paar Mädchen aus ihrer Klasse ihr erzählt hätten, ihre Eltern würden auch dauernd streiten. Ein Trost war das aber eigentlich auch nicht.

Daß sich die Eltern trennen würden, konnten sich Moritz und Tina nicht vorstellen. Und dann ist der Vater doch ausgezogen. Keiner hat uns gefragt, wie wir das eigentlich finden, denkt Moritz. Das macht ihn immer noch wütend: Ich will nicht in dieser fremden Wohnung herumsitzen und in einem fremden Zimmer schlafen. Ich will nach Hause zu meinen Sachen und Freunden, denkt er. Er hat keine Lust, hier viele Wochenenden und viele Ferientage zu verbringen. »Nicht jedes Wochenende, aber ab und zu besucht ihr mich hier!« hat der Vater gestern abend gesagt, als er ihnen die Wohnung zeigte. Was sollen wir hier denn den ganzen Tag machen? fragt sich Moritz. Es ist doch total langweilig hier. Hier gibt's keine Spiele, keinen Computer. Nichts gibt's hier! Moritz will keinen Vater für die Sonn- und keine Mutter für die Alltage. Moritz will nach Hause, und dort sollen beide Eltern sein und sich gefälligst vertragen.

»Dann frühstücken wir gemütlich!« hat der Vater gesagt. Moritz ist überhaupt nicht nach gemütlich frühstücken zumute. Im Gegenteil: Er ist stinksauer, und das sieht man. Auch Tina sieht nicht gerade heiter aus, als sie gähnend in die Küche trottet. Etwas ratlos beguckt sich der Vater seine schlechtgelaunten Kinder. Traurig sieht er aus. So traurig, daß Tina ihn in die Arme nimmt. Moritz schaut bedrückt auf seinen Teller. Also jetzt erst einmal frühstücken.

Das Frühstück wird doch noch einigermaßen gemütlich, mit Ei und mit Brötchen und allem Drum und Dran. Höflich reicht einer dem anderen die Butter und die Marmelade. Höflich reden alle miteinander über Schule und so weiter, aber eine gute Stimmung will nicht aufkommen. »Was ist nach dem Frühstück angesagt?« fragt Moritz. »Wir könnten zusammen in die Stadt gehen!« schlägt der Vater vor. Sehr glücklich sieht er dabei nicht aus, eher unsicher, fast ängstlich. Zusammen in die Stadt gehen? Moritz und Tina haben nichts dagegen, denn bisher hatte der Vater nur selten Zeit, mit ihnen in die Stadt zu gehen.

Die drei sind noch nicht bis in die Innenstadt vorgedrungen, da gibt es schon den dicksten Streit. Tina will in den Botanischen Garten und Moritz nur Geschäfte angucken. Erbittert zanken die beiden. »Blödes Huhn!« sagt Moritz. Und Tina mault: »Selber bescheuert!« »Hört auf mit diesem Gekeife!« fährt der Vater dazwischen, und zwar in einem Ton, der die Kinder sofort verstummen läßt. »Ich muß mit euch reden«, sagt er. »Kommt, wir setzen uns da auf die Bank!« Und dann erzählt er seinen Kindern, wie traurig er sei und wie schwer es ihm gefallen sei, sich von ihnen und ihrer Mutter zu trennen. Er erklärt noch einmal, warum es keine andere Möglichkeit gab als diese Trennung, und sagt ihnen, wie lieb er sie habe und wie schrecklich es sei, sie nur noch so selten zu sehen. Er spricht von seiner Angst, sie zu verlieren: »Ich verstehe ja, daß ihr das Wochenende lieber zu Hause sein wollt, aber das läßt sich einfach nicht immer machen, denn dann sähe ich euch ja kaum noch!«

Die drei trösten sich gegenseitig. »Wir müssen uns alle erst langsam an diesen neuen Zustand gewöhnen!« sagt der Vater. »Das braucht Zeit.« Und Moritz meint: »Beim nächsten Mal bringe ich ein paar von meinen Spielsachen mit. Dann können wir Mühle spielen!« Tina macht einen Vorschlag: »Vielleicht können wir bei dir auch mal während der Woche schlafen und das Wochenende dann bei Mami bleiben!« Nach diesem Gespräch fühlen sich alle ein bißchen besser. Klar, daß es Zeit braucht, sich an das Neue zu gewöhnen. Aber es wird schon irgendwie möglich sein.

Tips für Eltern

Sie hören, daß in der Familie nebenan von Scheidung die Rede ist. Sie erleben mit, daß sich die Eltern der besten Freundin trennen und um das Sorgerecht streiten. Das Thema Trennung oder Scheidung ist für Kinder heute eine alltägliche Angelegenheit, also nichts Außergewöhnliches, und dennoch ist das ein Thema, das sie verunsichert – vor allem, wenn die Kinder zu Hause kein gutes Familienklima erleben, wenn dauernd gestritten wird und sie fürchten: Werden sich meine Eltern auch trennen? Was wird dann aus mir? Wo werde ich leben?

So können Sie helfen:
* Wenn sie Probleme miteinander haben, trauen sich viele Eltern nicht, darüber mit ihren Kindern zu reden – aus Angst, sie zu überfordern und zu ver-

unsichern. Die Auseinandersetzungen finden häufig hinter verschlossenen Türen statt in der irrigen Annahme, die Kinder auf diese Weise schonen zu können. Das ist ein Irrtum, denn Kinder spüren die Spannungen trotzdem. Wenn sie herumrätseln, nicht genau wissen, was eigentlich los ist, leiden sie doppelt. Nicht nur der Dauerkrach macht ihnen zu schaffen, sondern auch das Gefühl, ausgegrenzt zu sein. Besser ist es, die Kinder so sachlich wie möglich zu informieren, kurz und altersgemäß; nicht den eigenen Frust in die Schilderung zu lassen und den Partner nicht anzuschwärzen.

● Nicht jeder kann gelassen und ruhig mit seinen Kindern über Familienprobleme sprechen und die eigenen Emotionen zurückhalten. Oft fällt es leichter, erst mal auf Abstand zu gehen und über Phantasiegestalten wie die Alltagsmutter und den Sonntagsvater zu reden, die sich mit ähnlichen Schwierigkeiten herumquälen. Über Wesen, die weit genug entfernt sind vom eigenen Lebensbereich und mit denen man sich dennoch identifizieren kann. Anhand einer Geschichte, aus sicherer Distanz also, ist es weniger heikel, sich einem schwierigen Thema wie Trennung oder Scheidung zu nähern. Man muß die eigene Betroffenheit nicht gleich in den Mittelpunkt des Gesprächs stellen, kann sich noch einen Schonraum gönnen und sich so langsam an das eigentliche Thema – »Was ist mit uns los?« – herantasten.

● Wenn von Trennung der Eltern die Rede ist, fürchten viele Kinder, sich entscheiden zu müssen. Für die Mutter oder für den Vater und gegen den anderen. Deshalb ist es wichtig, die Kinder zu ermutigen, wirklich die Fragen zu stellen, die sie beschäftigen. Nicht getrennt, sondern als Elternpaar mit ihnen reden und ihnen auch die Chancen, die positiven Seiten einer Trennung verdeutlichen.

● Erklären, warum es keinen Sinn hat, eine Ehe, die wirklich und endgültig am Ende ist, um jeden Preis aufrechtzuerhalten.

● Wenn die Trennung der Eltern beschlossen ist, sollten sie Kindern weitere Belastungen wie Umzug oder Umschulung möglichst ersparen.

● Die Kinder in den Mittelpunkt des Interesses stellen, auch wenn es jetzt besonders schwer fällt, weil beide Ehepartner in der Trennungsphase reichlich mit sich selbst zu tun haben.

Die Geschichte von den drei Wünschen

Sie schießen Steinchen über den Bahnsteig, studieren den Fahrplan, probieren aus, ob der Fahrkartenautomat funktioniert, scheuchen eine Katze von den Schienen. Dann endlich hat die Warterei ein Ende: Der Zug fährt ein. Mit dem Zug kommt Oma Hameln. (Die Großmutter wird Oma Hameln genannt, weil sie in Hameln lebt.) Vier Monate, fünf Monate – wie lange haben Lilli und Tino die Großmutter nicht gesehen? Die Kinder wissen es nicht genau.

Oma Hameln steigt langsam aus dem Zug. In der einen Hand ihre Reisetasche, in der anderen ihre Handtasche, geht sie lächelnd auf die Kinder zu. Die Großmutter hat sich verändert. Schmaler, zerbrechlicher wirkt sie, kleiner als früher. Auch ihr Lächeln ist nicht mehr das alte, vertraute Lächeln, strahlend und kräftig. Das neue Lächeln ist feiner und zarter.

Wenn Oma Hameln zu Besuch ist, verwandeln sich die Alltage in Sonntage, denn die Großmutter beschäftigt sich gerne und viel mit den Kindern. Lilli und Tino sind gerne mit ihrer Großmutter zusammen. Oma Hameln hat immer Zeit für sie, alle Zeit der Welt. Nie sagt sie: »Schnell, schnell!«, nie erinnert sie an Pflichten, nie müssen die Dinge bei ihr sofort und auf der Stelle geschehen. Wer mit Oma Hameln spricht, kann sich darauf verlassen, daß sie zuhört und nicht nur so tut, als höre sie zu. Wenn man mit ihr spricht, ist sie ganz bei der Sache und nicht mit ihren Gedanken schon wieder weit weg, ganz woanders. Oma Hameln interessiert sich für alles, was Lilli und Tino machen und tun. Richtig neugierig ist sie. Deshalb stellt sie viele Fragen. Manchmal zu viele Fragen. Dann sagt Lilli: »Ich mag jetzt nicht erzählen!«, oder Tino verzieht sich wortlos ins Kinderzimmer. Die Großmutter läßt das Fragen dann einfach. Beleidigt ist sie nie. Aber meistens beantworten Lilli und Tino ihre Fragen, denn die beiden unterhalten sich gerne mit Oma Hameln. Mit ihr können sie über alles reden, denn die Großmutter weiß eine Menge: über Poltik, über das Vermischte in der Zeitung, über das Fernsehprogramm, über alte Zeiten, über Blumen und Tiere, über Gott und die Welt. Oma Hameln kennt tolle Geschichten, kann alle Kreuzworträtsel lösen und versteht sogar viel von Fußball. Sie kennt nicht nur die wichtigsten Vereine, sondern auch die wichtigsten Fußballspieler und Trainer. Deshalb macht es Spaß, mit ihr Fußballspiele im Fernsehen anzuschauen, denn sie weiß, um was es geht.

Weil die Großmutter alle Zeit der Welt hat, hat sie auch Zeit zum Spielen. Sie hat nicht nur Zeit, sondern auch Lust zum Spielen. Egal ob Monopoly oder Mensch-ärgere-dich-nicht, Oma Hameln spielt mit. Spielt nicht nur ein Weilchen mit, sondern verbringt Stunden, ganze Nachmittage mit würfeln und setzen, mit gewinnen und verlieren.

So wie immer verläuft auch dieser Besuch: Oma Hameln ist neugierig wie eh und je, stellt hundert Fragen und will genau wissen, was Lilli und Tino machen und tun. Und selbstverständlich gibt es wieder lange Unterhaltungen mit ihr, dazu Fußball angucken im Fernsehen und Spiele spielen samt Monopoly und Mensch-ärgere-dich-nicht.

Am zweiten Tag ihres Besuches sagt Oma Hameln beim Mittagessen plötzlich: »Ich habe ein paar Wünsche!« Die ganze Familie staunt. Noch nie hat die Großmutter Wünsche geäußert. Alle warten gespannt: Was wird sich die Großmutter wünschen? Drei Wünsche habe sie im Sinn, sagt Oma Hameln. »Der erste Wunsch: Ich würde mich gerne mit dem Auto durch die Gegend kutschieren lassen, um den Frühling und die Landschaft zu genießen! Der zweite Wunsch: Ich möchte mit Tino einen Wiesenspaziergang machen! Der dritte: Ich würde gerne mit den Kindern zur Büffelwiese gehen!«

Wunsch drei, der Gang zur Büffelwiese, wird gleich am folgenden Tag erfüllt. Lilli, Tino und Großmutter wandern Richtung Büffelwiese – so wie früher, als die Kinder noch klein waren. Die Büffelwiese ist eine Waldwiese mit alten moosbewachsenen Baumstümpfen. In der Phantasie der Kinder waren die Baumstümpfe keine Baumstümpfe, sondern gefährliche Büffel, und sie selbst waren keine Kinder, sondern Cowboys. »Ich habe im Gras gesessen und zugeschaut, wie die Cowboys auf Büffeljagd gingen«, erzählt die Großmutter. Und wie damals hat Oma Hameln auch heute wieder ein Picknick dabei: drei Brötchen und ein paar Apfelschnitze.

Am folgenden Tag findet die Autofahrt statt, und am letzten Tag ihres Besuches wandert Tino mit Oma Hameln durch die Wiesen auf der Suche nach den Blumen, die sie früher gemeinsam angeschaut haben. Damals, als Tino noch nicht zur Schule, sondern in den Kindergarten ging. »Blumen suchen, das war früher unsere Lieblingsbeschäftigung!« erzählt die Großmutter. Daran erinnert sich Tino genau. »Pechnelken haben wir gesucht und Wiesenschaumkraut«, sagt er.

Im Juni, die Großmutter ist seit Wochen wieder zu Hause, ruft sie an. An einem Dienstag vormittag? Ganz ungewöhnlich, denn normalerweise ruft Oma Hameln nur abends an, wenn das Telefonieren billiger ist. »Bekommt keinen Schrecken«, sagt sie. »Ich muß ins Krankenhaus. Nichts Schlimmes. Nur eine gründliche Untersuchung. Mein Herz ist nicht ganz in Ordnung!« Natürlich machen sich alle Sorgen – Tino, Lilli und die Eltern. Gleich am nächsten Morgen rufen sie in der Klinik an. Oma Hameln fühlt sich einigermaßen wohl in ihrem Krankenhausbett – vor allem, weil sie die Klinik morgen wieder verlassen darf.

Am nächsten Morgen sitzt die Großmutter auf ihrem Krankenhausbett und wartet auf den Arzt, um sich zu verabschieden. Auf einmal wird sie müde, ganz fürchterlich müde. Sie legt sich auf das Bett, um auszuruhen. Sie schläft ein und wacht nicht wieder auf. »Sie hat nicht gemerkt, daß sie stirbt«, sagt der Onkel, der Lilli und Tinos Mutter anruft. »Sie hat sich auf zu Hause gefreut!«

»Oma Hameln ist gestorben. Sie hat gar nichts gemerkt von ihrem Tod«, immer wieder sagt Lilli diese Sätze vor sich hin und kann sie trotzdem nicht verstehen. Und weil sie sich unter Tod und Sterben nichts vorstellen kann, ist sie auch nicht traurig. Lilli kann nicht begreifen, was Tod bedeutet. Lilli muß an ein großes schwarzes Loch denken. Erst als sie Tino, als sie die Mutter, den Vater weinen sieht, beginnt auch Lilli

zu weinen. »Die Großmutter muß gespürt haben, daß ihre Kräfte nach-
lassen«, sagt die Mutter. »Deshalb die drei Wünsche bei ihrem letzten
Besuch! Sie wollte mit uns noch einmal das tun, was ihr besonders lieb
war!« Lilli freut sich, daß die Wünsche der Großmutter in Erfüllung gegangen sind: ein kleiner heller Fleck in dem dunklen Loch.

Lilly spricht in den kommenden Wochen oft in Gedanken mit ihrer
Großmutter. Wenn sie ein Kreuzworträtselheft sieht, wenn sie zum
Bahnhof läuft, wenn sie Monopoly spielt oder Mensch-ärgere-dich-
nicht. Wenn sie Fußball im Fernsehen anguckt. Wenn sie mit ihrer Mutter durch die Wiesen geht. »Manchmal habe ich Angst, mich daran zu
gewöhnen, daß uns Oma Hameln nicht mehr besucht, und ich sie einfach vergesse!« »Du vergißt sie nicht«, sagt die Mutter. »Wir denken doch
dauernd an sie und sprechen viel von ihr. Auf diese Weise bleibt sie
bei uns und ist nicht weg, einfach verschwunden.«

Tips für Eltern

Den Tod eines Verwandten erleben Kinder nur noch selten mit, denn heute
sterben die meisten Menschen nicht mehr zu Hause, sondern in der Klinik –
weit weg vom alltäglichen Familiengeschehen. Weil der Tod ausgeklammert
wird, entwickeln Kinder keine Beziehung zum Sterben, denn das findet nicht
statt in ihrem Umfeld – da, wo sie ihre Lebenserfahrungen sammeln. Nur vom
Hörensagen wissen sie, was Sterben und Tod bedeuten. Um so schlimmer,
wenn die Großmutter, der Großvater stirbt und sie ganz unvorbereitet und
plötzlich mit dem Tod konfrontiert werden. Und um so wichtiger ist es, daß
Kinder frühzeitig nicht nur von Leben und Geburt erfahren, sondern auch vom
Sterben und Tod, vom Ende jeden Lebens. Anlaß für solch ein Gespräch könnte
ein Todesfall in der Nachbarschaft sein. Oder ein Spaziergang über den Friedhof. Oder das Lesen von Todesanzeigen in der Zeitung. Oder das Erzählen,
das Vorlesen einer Geschichte vom Sterben, zum Beispiel der von den drei
Wünschen.

Kleine Kinder sind beeindruckt von den Begleiterscheinungen des Todes:
den Tränen der Angehörigen, der dunklen Kleidung, dem Ritual der Beerdi-
gung. Sie gehen danach aber bald – scheinbar nicht angerührt und ohne Trauer

– zum Alltagsgeschehen über. Sie verstehen noch nicht – allen Erklärungen zum Trotz –, daß Tod wirklich ein Ende bedeutet. Für sie ist alles, sind auch Gegenstände lebendig. Nicht lebendig zu sein, das gibt es in ihrem Denken einfach nicht.

Schulkinder, die eine Vorstellung von Trennung, von Verlust und Abschied haben, können ihre Trauer häufig nicht zeigen. Sie verschließen sich, versuchen allein mit ihrer Trauer fertig zu werden. Der Verlust eines geliebten Menschen ist eine der leidvollsten Erfahrungen, die man machen kann. Früher glaubte man, daß Kinder schnell und vollständig über den Verlust eines Menschen hinwegkommen. Doch das stimmt nicht. Kinderkummer ist nicht kurzlebig. Die Sehnsucht nach der Großmutter oder den Großvater bleibt.

So können Sie helfen:
- Die Trauer von Kindern so ernst nehmen wie die eigene. Gerade jetzt sollten Sie besonders liebevoll und aufmerksam mit dem Sohn, mit der Tochter umgehen, Geborgenheit und Wärme bieten und sie nicht über der eigenen Trauer aus dem Blick verlieren, sondern mit einbeziehen. Die Sprößlinge nicht »schonen« wollen und das eigene Leid nicht verstecken. Kinder spüren sowieso, wie den Eltern zumute ist, und können nicht verstehen, warum Tränen und Trauer vor ihnen versteckt werden, warum ein Geheimnis daraus gemacht wird.
- Erklären, daß die Großmutter, der Großvater nicht ganz verloren ist. Man kann weiterhin an sie denken, sich an gemeinsame Erlebnisse erinnern.
- Wer an ein Leben nach dem Tod glaubt, kann in diesem Glauben Trost finden und diesen Trost an Kinder weitergeben. Wenn Kinder beten, ist der geliebte Mensch nicht ganz aus ihrer Welt, sie denken an ihn mit dem Gefühl: »Der liebe Gott ist für uns alle da!«
- Viele Kinder entwickeln jetzt Ängste: »Wenn die Großmutter gestorben ist, können auch die Eltern sterben!« Hören Sie zu, wenn sie über ihre Ängste sprechen, fühlen Sie sich ein in ihren Kummer, und nehmen Sie Anteil. Ermutigen Sie sie, die Fragen zu stellen, die sie beschäftigen, und beantworten Sie diese Fragen dann ehrlich, klar, möglichst präzise und behutsam.

6. Kapitel

Alltagsprobleme

Wenn ein Kind
immer noch nuckelt …

Die Geschichte vom Däumling
und den Milchzähnen

Der spitzige Milchzahn links oben in der Ecke wird ärgerlich. Schon wieder kommt der Daumen zu Besuch. »Es ist wahrlich zum Tollwerden«, stöhnt er leise, rempelt seinen Nachbarn, den glänzendsten und schneeweißesten aller Milchzähne, an und flüstert: »Fühlen Sie sich auch durch den Daumen gestört? Er versperrt uns die Sicht nach draußen und nimmt uns die Luft zum Atmen. Taucht hier mehrmals am Tag auf, verbreitet nichts als Unruhe, produziert Quietschgeräusche, daß ich mir die Ohren zuhalten muß, und verschwindet so plötzlich wieder, wie er aufgetaucht ist, um sich nach einem Weilchen erneut in den Mund zu quetschen!«

Der Daumen mag nicht, daß die beiden Milchzähne miteinander flüstern. Er denkt: Die beiden reden wieder über mich. Warum dieses Getuschel? Können sie nicht laut und deutlich sprechen? Und er sagt: »Könnten Sie Ihr Flüstern bitte einstellen? Es ist unhöflich, in Anwesenheit anderer zu flüstern!«

Ein Momentchen verstummen die beiden Milchzähne betroffen, dann sagen sie laut und deutlich im Chor: »Sie spüren wohl gar nicht, daß Sie hier bei uns unerwünscht sind. Ihre dauernden Besuche sind uns lästig. Wenn sie wenigstens nicht soviel Unruhe verbreiten würden. Sie machen so viel Wind. Sie sind wirklich ein aufdringlicher Bursche!« Der Daumen hält jetzt ganz still, schweigt betreten und denkt: Störe ich wirklich sehr?

»Lieber Daumen, mich störst du kein bißchen! Erzähl uns, warum du von dem Kind dauernd in den Mund gesteckt wirst«, sagt der kleinste aller Milchzähne zum Daumen, um das Schweigen zu brechen. Der kleinste aller Milchzähne mag den Daumen und möchte mit ihm ins

Gespräch kommen. Der Daumen antwortet stolz: »Weil das Kind mich zum Fressen gerne hat, steckt es mich so häufig in den Mund!« Da müssen alle Milchzähne lachen. Nur die beide Zähne, die den Daumen beschimpft haben, schweigen eisig.

Nun mischt sich die Zunge in das Gespräch ein: »Lieber Daumen«, sagt die Zunge, »ärgere dich nicht über die beiden Meckerzähne. Der Kiefer, die anderen Milchzähne, die Oberlippe, die Unterlippe und ich – wir freuen uns über jeden deiner Besuche!« Die anderen Milchzähne klappern zustimmend, das heißt: Die Zunge hat recht! Wir haben dich gerne bei uns! Der Kiefer kichert: »Mich kannst du gar nicht oft genug kitzeln. Ich habe das Kitzeln gerne!« Auch die Oberlippe und die Unterlippe sagen dem Daumen, daß sie ihn mögen. Der Daumen strahlt: »Wunderbar – freut mich, daß ihr mich mögt!« Die beiden Meckerzähne schweigen immer noch beleidigt. Sollen die anderen den Daumen doch loben. Sie bleiben dabei: Er stört sie gewaltig.

Wenig später verabschiedet sich der Daumen: »Ich muß gehen! Und leider seht ihr mich nicht so schnell wieder! Wißt ihr, ich habe in Zukunft nicht mehr viel Zeit, euch zu besuchen! Ich habe jetzt draußen eine Menge zu tun, denn ich werde nun beim Kuchenbacken und Malen, beim Klettern und Basteln gebraucht! Das Kind hat weniger Zeit und weniger Lust, mich in den Mund zu stecken. Anderes ist ihm jetzt wichtiger!« Traurig winken die Zunge, der Kiefer, die Milchzähne, die Oberlippe und die Unterlippe dem Daumen nach. Nur die beiden Meckerzähne von oben, der spitze Milchzahn und der glänzendste, schneeweißeste Milchzahn sind zufrieden: Endlich findet die Nuckelei ein Ende!

Tips für Eltern

In der Regel verlieren Kinder, wenn sie drei, vier Jahre alt werden, langsam das Interesse am Daumen oder am Schnuller. Den Schnuller lassen sie übrigens meist schon füher links liegen. Wenn nicht, greifen viele Eltern zu einem rabiaten Mittel: Sie schaffen den Schnuller, allem Protestgeschrei zum Trotz, einfach ab, in der Hoffnung: Aus den Augen, aus dem Sinn. Denkste! Werden Kinder so unsanft entwöhnt, verschaffen sie sich nicht selten Ersatz: Sie beißen an den Fingernägeln oder nehmen eben den Daumen statt des Schnullers – auch nicht viel besser, oder?

Vor allem das Daumenlutschen schadet auf die Dauer Kiefer und Zähnen und ist deshalb zu Recht besonders verpönt. Übrigens nuckeln noch 40 Prozent aller Kindergartenkinder am Daumen, das hat eine Untersuchung ergeben.

Was können Eltern tun, wenn das Interesse am Nuckeln nicht nachläßt und das Kind mit Schnuller oder Daumen im Mund im Kindergarten antritt? Wenn es dann von seinen Altersgenossen gehänselt und ausgelacht, von den Erwachsenen ermahnt wird: »Hör doch auf mit der Nuckelei! Du bist doch jetzt ein großes Mädchen (ein großer Junge)!«

So können Sie helfen:
• Sie sollten kein Dauerthema daraus machen – kein Thema, über das immerzu geredet wird. Kinder stellen ihre Ohren dann sofort auf Durchzug, und die Rederei der Großen verpufft völlig ins Leere. Sicherlich sollten Eltern das Thema ansprechen, kurz und bündig darüber reden, aber keine langen Vorträge halten.
• Unsinnige Drohungen und Strafen vermeiden. Wer zu hören bekommt: »Wenn du nuckelst, dann …!« (ganz egal, was dann verboten oder angedroht wird), nimmt das nicht ernst.
• Auch Strafen wie »Du nimmst ja deinen Daumen zum Nachtisch, dann brauchst du sicher keinen Pudding mehr!« verstören ein Kind höchstens, bringen es aber bestimmt nicht dazu, das Nuckeln aufzugeben. Im Gegenteil: Weil der Frust jetzt besonders groß ist, wird erst recht genuckelt. Denn gerade Kindern, die sich unter Druck gesetzt fühlen, dient der Daumen oder Schnuller als Ventil und Tröster.
• Kinder, die sehr aktiv, die rundum zufrieden und ausgefüllt sind, kommen am schnellsten über das Daumen- oder Schnullerlutschen hinweg. Sie sind einfach mit anderen Dingen viel zu sehr beschäftigt.
• Erzählen Sie dem Kind die Geschichte vom Däumling – vielleicht hat ja auch sein Daumen plötzlich Wichtigeres zu tun …

Die Geschichte vom Zwieselchen und der guten Fee

Das Zwieselchen, ein Wesen mit großen türkisfarbenen Kulleraugen, knallgelb wie ein Zitronenfalter und kugelig wie ein knackiger Apfel, sitzt in seiner Holzkiste, mitten in einem Berg von Spielzeug, neben sich Limo und Torte, hinter sich Fernseher und Computer, und weiß doch nichts mit sich anzufangen. Weiß nichts mit dem lichten, warmen Sommersonnentag anzufangen und nichts mit den freien Stunden, die vor ihm liegen.

Während das Zwieselchen lustlos vor sich hin brütet, schwebt eine gute Fee in seine Holzkiste. Eine gute Fee mit langen lila Zöpfen und einem rosa Faltengewand. Sie tanzt durch die Holzkiste auf das Zwieselchen zu und flötet: »Mein liebes Zwieselchen, weil heute ein lichter, warmer Sommersonnentag ist, schenke ich dir einen Flug hoch in die Wolken!« Das Zwieselchen gähnt nur, schüttelt langsam den Kopf und sagt: »Hab' keine Lust, hoch in die Wolken zu fliegen!« Die gute Fee schüttelt ihre langen lila Zöpfe, zupft aufgeregt an ihrem rosa Faltengewand und kann gar nicht glauben, daß das Zwieselchen keine Lust hat, hoch in die Wolken zu fliegen. Solch ein Angebot schlägt man doch nicht einfach aus!

»Willst du lieber tief auf den Meeresgrund tauchen und da unten in einer Steinhöhle die Riesenkrake besuchen?« fragt die gute Fee das Zwieselchen, neugierig, was es zu diesem Angebot sagt. Das Zwieselchen klappt seine großen türkisfarbenen Kulleraugen zu, reibt sich seine knallgelben Hände und flüstert: »Nimm's mir nicht übel, aber ich will nicht tief auf den Meeresgrund tauchen!« Die gute Fee denkt: Ein eigenartiges Wesen, dieses Zwieselchen. Will nicht hoch in die Wolken fliegen, will nicht tief auf den Meeresgrund tauchen – was will es bloß?

Ich werde es herausfinden, sagt sich die gute Fee und macht dem Zwieselchen einen neuen Vorschlag: »Vielleicht magst du die Königin der Nacht besuchen?« Das Zwieselchen zuckt nur mit den Schultern und knurrt: »Ich will in meiner Holzkiste hinten in der Ecke sitzen mitten in meinem Spielzeug, an nichts denken und nichts tun!« Die gute Fee denkt: Das Zwieselchen will nicht hoch in die Wolken fliegen, will nicht tief auf den Meeresgrund tauchen, will nicht die Königin der Nacht besuchen – was könnte dieses Wesen bloß begeistern? Will es vielleicht die Sterne vom Himmel pflücken, auf dem Mond Walzer tanzen, auf einem Löwen durch die Wüste reiten oder die Steinadler in ihrem Felsenhorst besuchen? Die gute Fee ahnt schon: Alles nichts für das Zwieselchen.

Während sie noch nachdenklich auf einem ihrer lila Zöpfe kaut, hat sie plötzlich eine Idee: Das Zwieselchen hat viel zuviel Kram um sich herum: Limo und Torte, Fernseher und Computer und jede Menge Zeug zum Spielen. Vor lauter Krempel weiß es nicht, wonach es zuerst greifen soll. Schwuppdiwupp zaubert die gute Fee alles weg: Limo und Torte, Fernseher und Computer und den Berg Spielzeug.

Das Zwieselchen hockt plötzlich in einer leeren Kiste und guckt verblüfft nach rechts und links: »Wo ist mein Zeug geblieben?« Auch die gute Fee ist verschwunden. Neugierig kriecht das Zwieselchen aus seiner Ecke hervor, wandert durch die Kiste, klettert am Kistenrand hoch, schaut hinaus und entdeckt die gute Fee. Sie liegt vor der Kiste im Gras, spielt mit ihren lila Zöpfen und fragt: »Wollen wir jetzt etwas zusammen machen?« Das Zwieselchen grinst. »Jetzt hätte ich Lust!« sagt es. »Wie war das mit der Reise zu den Wolken?« Kurz darauf starten die beiden und fliegen auf und davon in Richtung Himmel.

Tips für Eltern

Langweilt sich ein Kind, dann hängt es entweder miesepetrig herum oder nervt mit häufigem »Ich weiß nicht, was ich machen soll«, wandert auf der Suche nach Keksen ziellos durch die Wohnung oder will auf Mamis Schoß. Anregungen wie: »Mal dem Opa ein Bild!« oder »Bau einen Turm aus Bauklötzen!«

fruchten nicht. Oft verstehen Eltern dann die Welt nicht mehr: Unser Kind hat doch alles, Spielzeug in Hülle und Fülle, ein Programm von Klavierspielen bis Tennisstunden, und trotzdem hängt es dauernd an Mamis Rockzipfel mit einem jämmerlichen »Kannst du nicht mit mir spielen?«. Woher kommt diese Unfähigkeit, auch einmal allein zu spielen?

Morgens Kindergarten oder Schule, nachmittags Programm von Flötenstunde bis Hockey, dazu ein mit Spielsachen vollgestopftes Kinderzimmer – alles zusammen ist viel zuviel. Da bleibt kein Raum mehr, kein Anreiz, aktiv zu werden. Viele Kinder sind heute daran gewöhnt, immer einen Vorturner, einen Animateur zu haben, der ihnen zeigt, wo's langgeht. Auf diese Weise verlernen sie, selbst aktiv zu werden und eigene Vorstellungen zu entwickeln.

So können Sie helfen:
• Die Langweile und die damit verbundene miese Stimmung aushalten. Nicht flugs ein neues Programm ausdenken und anbieten, sondern den Langweiler auch einmal zappeln lassen. Weil Langeweile auf Dauer anödet, entwickeln Kinder dann nach einer Weile oft aus sich selbst heraus die Kraft, wieder aktiv zu werden. Um diese Chance sollte man sie nicht bringen. Deshalb nicht zu ungeduldig warten, sondern Kindern Zeit lassen. Sie brauchen Ruhe, um neue Ideen auszubrüten. Das Nichtstun hat also oft seinen Sinn.
• Die Geschichte vom Zwieselchen kann ein Aufhänger für ein Gespräch über Langeweile, über Null-Bock-Gefühle sein. Manchmal brauchen Kinder einen Kick, damit ihre Phantasie in Gang kommt, neue Ideen produziert und eine Kehrtwende eingeleitet wird. Ihre Neugierde und Entdeckungslust müssen erst wieder wachgekitzelt werden. Aber nicht des Guten zuviel tun! Kinder brauchen niemanden, der ihnen alle Hindernisse aus dem Weg räumt, sondern vorsichtige Unterstützung, gezielte Impulse und Anregungen.
• Manchmal sind Langeweile und Lustlosigkeit allerdings auch Vorboten einer Krankheit. Wer sein Kind genau beobachtet, nimmt dann auch weitere Hinweise auf Krankheit wahr – zum Beispiel dunkle Schatten um die Augen, Müdigkeit.
• Was Eltern als Nichtstun deuten, muß noch lange nicht heißen, daß sich ein Kind langweilt. Manchmal träumt es einfach mit offenen Augen, fühlt sich pudelwohl dabei und will nur, daß die Großen es in Ruhe lassen.

Wenn ein Kind
wie ein Spatz ißt …

Die Geschichte vom Apfelpfannkuchen

Heute darfst du dir wünschen, was du zu Mittag essen möchtest!« sagt Miriams Vater zu seiner Tochter. Miriam denkt lange nach. Soll ich mir Würstchen und Kartoffelsalat wünschen oder lieber Nudeln mit Soße oder lieber bunten Reis oder … »Ich wünsche mir Pfannkuchen!« sagt Miriam. »Am liebsten Apfelpfannkuchen!« Apfelpfannkuchen sind Miriams allerliebstes Leibgericht. Apfelpfannkuchen schmekken einfach ungeheuer lecker.

Miriams Vater ist einverstanden mit ihrer Wahl. Er flitzt fix zum Kaufmann, um Äpfel und Eier zu besorgen. Die restlichen Zutaten sind daheim. Zurück vom Kaufmann, macht er sich sofort ans Werk. Er wäscht Äpfel, schält Äpfel, schneidet sie in Scheiben, er verrührt Eier, Milch, Mehl, Rosinen und Zucker zu einem dickflüssigen Brei, stellt eine Pfanne auf den Herd, erhitzt die Pfanne, gibt Fett und Pfannkuchenteig in die Pfanne, später auch die Apfelstücke und wendet den Pfannkuchen geschickt, damit er auf beiden Seiten hellbraun und knusprig wird. Miriams Vater backt einen wunderbaren, dicken, saftigen Apfelpfannkuchen. Miriam ist hochzufrieden damit. Wie gut er duftet, und wie gut er ausschaut! Ihr Vater gibt noch ein paar Zuckerkrümel über den Apfelpfannkuchen, schaut sein Werk dann zufrieden an, legt den Apfelpfannkuchen auf den Teller, der vor Miriam auf dem Küchentisch steht, und sagt: »Du kannst loslegen. Laß ihn dir schmekken!«

Miriam nimmt mit der Gabel ein Stückchen Apfel vom Pfannkuchen, probiert den Apfel, verzieht das Gesicht und sagt: »Der Apfel schmeckt sauer!« Dann pult sie mit der Gabel eine Rosine aus ihrem Apfelpfannkuchen, legt die Rosine an den Tellerrand und stellt fest: »Ohne

Rosinen schmeckt mir der Pfannkuchen besser!« Miriams Vater schaut erstaunt auf, er hat gerade den zweiten Pfannkuchen gemacht und sagt: »Warum hast du mir nicht früher gesagt, daß du von Rosinen nichts hältst? Dann hätte ich sie weggelassen!« Miriam zuckt mit den Schultern und sagt: »Weiß nicht!« Jetzt pikst sie ein Stück vom Pfannkuchen auf ihre Gabel, beißt ab, kaut und sagt beim Kauen: »Nicht gerade süß. Wenn Mami Pfannkuchen backt, schmecken sie süßer und besser!«

Daraufhin springt der Apfelpfannkuchen, dem jetzt schon ein Apfelschnitzel, eine Rosine und ein Stück Kuchen fehlt, mit Schwung von Miriams Teller, läuft über den Tisch, hüpft vom Tisch, läuft quer durch die Küche und ruft Miriam zu, bevor er im Flur verschwindet: »Weißt du was, wenn du so viel zu schimpfen hast, wenn ich dir nicht gut genug schmecke, dann gehe ich eben dahin, wo man mich mehr zu schätzen weiß!« Miriam, stumm vor Staunen, folgt dem Apfelpfannkuchen zur Küchentür: Wo ist er geblieben? Er hat sich in den Hundenapf von Miriams Dackel verkrümelt. Liegt hochzufrieden in dem Napf, pfeift nach dem Dackel und sagt: »Wetten, daß der Dackel sich freut, wenn er mich hier sieht? So etwas Gutes hat er noch nie zu fressen bekommen!«

Inzwischen hat der Dackel mitbekommen, daß im Napf eine Leckerei auf ihn wartet. Mit wedelndem Schwanz kommt er aus dem Wohnzimmer, springt von der Türschwelle aus mit einem Satz zu seinem Napf, schnappt sich den Pfannkuchen und verspeist ihn mit sichtlichem Genuß. Miriam schaut gequält auf den Pfannkuchen, der im Dackelmaul verschwindet, auf ihren Vater, der sich das Theater lachend anschaut, und sagt: »Das war doch *mein* Pfannkuchen!« »Stimmt«, sagt ihr Vater. »Jetzt gehört er dem Dackel. Aus und vorbei für dich – das Apfelpfannkuchenvergnügen. Du kannst ein Marmeladenbrot essen, wenn du Hunger hast! Denn der zweite Pfannkuchen ist für mich!«

Nachdenklich schmiert sich Miriam daraufhin ein Marmeladenbrot und denkt: Vielleicht sollte ich nicht ganz so viel am Essen herummeckern, nicht so empfindlich und wählerisch sein …

Tips für Eltern

Die Kartoffeln sind nicht weich genug, die Karotten zu trocken, und die Würstchen waren auch schon einmal besser – nicht wenige Kinder sind »schwierige« Esser und meckern an allen und jedem herum, stochern ewig in Gemüse und Brei, äußern immer neue Wünsche und essen im Schneckentempo – alles zusammen ist das eine Geduldsprobe für Eltern und auch kein Vergnügen für Kinder.

Mahlzeiten werden schnell zum Spiegel der Beziehung zwischen Eltern und Kind. Alle Mütter und Väter beobachten mit Argusaugen, ob sich ihr Sprößling gut entwickelt, ob er gesund ist und fröhlich. Und alle Kinder fühlen sich beobachtet. Maßstab fürs Gutgehen ist für viele die Nahrungsaufnahme. Ißt ein Kind prima, heißt das: Alles in Ordnung. Ißt das Kind dagegen mäßig wie ein Spatz, machen sie sich Sorgen: Was fehlt? Ist es krank oder unglücklich? Auch um sich selbst zu entlasten, dringen Eltern dann oft darauf, daß ihr Kind »ordentlich« ißt: damit sie die Gewißheit haben, daß es ihm gutgeht. Und um dieses Ziel zu erreichen, machen sie Druck – oft mit Hilfe von Spielen. Der Löffel kreist als Hubschrauber über dem Tisch, und die Häppchen werden gezählt: für Oma, Opa, Tanten und Onkel. Alles, damit aus dem Spatz ein »gesunder, normaler« Esser wird. Mitunter beginnt so ein Drama. Keine Mahlzeit mehr ohne »Nun iß doch bitte deinen Teller leer!« Und das Kind kontert: »Nein, ich will nicht!«

Durch sein »Nein« oder durch sein Genörgel kann ein Kind den Großen zeigen, daß es sich seines Ichs, seines Willens bewußt ist. Die Spirale schraubt sich hoch: Die Großen verstärken den Druck, wenn das Kind mit seinem Nein kommt: »Du ißt jetzt sofort auf!« Die Folge dieser Auseinandersetzung ist häufig ein erbitterter Machtkampf, der aber in die Sackgasse führt.

So können Sie gegensteuern:
- Gelassenheit ist angesagt. Je weniger Druck Eltern machen – kein Kind will zu seinem Glück gezwungen werden –, je ruhiger Mütter und Väter bleiben, wenn ihr Kind auf seinem Teller herumstochert, desto größer ist die Chance, daß sich die kindlichen Eßgewohnheiten bald normalisieren.
- Sprechen Eltern kurz und knapp, offen und ehrlich mit ihrem Kind über die

Eßschwierigkeiten – die Geschichte vom Apfelpfannkuchen kann als Einstieg in solch ein Gespräch dienen –, beziehen sie einen klaren Standpunkt und messen dem Thema keinen allzu großen Stellenwert bei, dann geben sich die Probleme in der Regel. Bei gravierenden Eßstörungen, die sich einfach nicht bessern wollen, sollten sich Eltern um Hilfe von außen bemühen.

● Wichtig: Sich selbst anschauen und nicht nur den schlechten Esser im Blick haben. Warum sind die Mahlzeiten zum Reizthema in der Familie geworden? Was geht in Ihnen als Eltern vor, wenn Ihr Kind am Essen herummäkelt, nicht zulangen will? Sind Sie verärgert, weil Sie sich mit der Kocherei in der Küche abgemüht haben und jetzt als »Belohnung für den Einsatz« kein Erfolgserlebnis einstreichen können? Oder sind Sie besorgt, weil Sie fürchten, daß sich aus diesen noch harmlosen Eßschwierigkeiten später eine Magersucht entwickeln könnte? Oder kämpfen Sie mit Schuldgefühlen, weil Sie es nicht schaffen, Ihr Kind dazu zu bringen, »vernünftig« zu essen, und fragen Sie sich, ob Sie seiner Gesundheit schaden?

● Die Schwierigkeiten schaukeln sich manchmal schnell hoch. Es ist oft nicht einfach, aus dieser Spirale wieder herauszufinden. Hilfreich, wenn sich die Probleme mehren: ein Gespräch mit Experten bei einer Erziehungsberatungsstelle.

Wenn ein Kind
nicht aufräumen mag …

Die Geschichte vom sprechenden
Federmäppchen

Ein Chaos im Kinderzimmer: Elfis Strümpfe hängen über der Lampe, ihr Malkasten liegt unter dem Bett, ihre Turnschuhe stehen auf dem Schreibtischstuhl, ihre Jacke liegt auf dem Bett, ihre Stofftiere liegen auf dem Boden, ihre Blusen liegen auf der Fensterbank und so weiter. »Nichts ist an seinem Platz«, sagt Elfis Mutter, die zur Tür in das Zimmer ihrer Tochter hineinschaut. »Was für ein Durcheinander!« ruft sie fassungslos, bleibt wie angewurzelt im Türrahmen stehen und fährt fort: »Solch ein Tohuwabohu – das würde ich nicht aushalten. Ich würde mich in diesem Zimmer einfach nicht wohl fühlen. Willst du nicht mal aufräumen?«

Elfi fühlt sich pudelwohl in ihrem Zimmer. Das Durcheinander stört sie kein bißchen. Hier wird nicht aufgeräumt, hat sie beschlossen. Sie weiß doch genau, wo alles ist. Wieso muß überhaupt alles auf seinem Platz sein? Und wer bestimmt, wo der richtige Platz für was ist? Elfi legt sich auf den Bauch, kriecht unter ihr Bett und holt ein Bilderbuch hervor, das weit hinten, dicht an der Wand unter dem Bett lag. »Du hast doch versprochen, mir die Geschichte von der Nachtigall heute abend vorzulesen! Das ist das Buch mit der Geschichte!« Elfi bringt ihrer Mutter das Bilderbuch, das sie gerade unter dem Bett hervorgeholt hat. »Oder willst du mir lieber das Märchen von Schneeweißchen und Rosenrot vorlesen?« Elfi schiebt einen Stuhl an ihren Kleiderschrank, klettert auf den Stuhl und holt ein weiteres Buch, das oben auf dem Schrank zwischen Regencape und Baukasten lag. Das Buch mit dem Märchen von Schneeweißchen und Rosenrot.

»Erstaunlich, daß du überhaupt etwas findest in deinem Wust«, sagt Elfis Mutter und nimmt auch das zweite Buch lachend entgegen. Dieser Tochter wird niemand beibringen, Ordnung zu halten. So oft man auch mit ihr redet, sie will einfach nicht einsehen, daß das Aufräumen manchmal einen Sinn hat. »Hast du deine Hausaufgaben erledigt?« fragt Elfis Mutter beim Hinausgehen. Elfi hat ihre Rechenaufgaben gelöst und ein Gedicht abgeschrieben. Ganz sauber, sehr ordentlich hat sie das gemacht.

Am nächsten Morgen drängt die Zeit. Nur noch zwanzig Minuten, dann fährt der Schulbus. Elfi muß sich beeilen, denn sie ist zu spät aufgestanden. Also schnell hinein in die Klamotten: Rock anziehen. Bluse zuknöpfen, Schuhe anziehen und den Schulranzen schnappen. Der Schulranzen liegt unter dem Schrank, dort hat ihn Elfi gestern abend noch gesehen. Stimmt. Mit Hilfe ihres Hockeyschlägers fischt sie den Schulranzen unter dem Schrank hervor. Siedendheiß fällt ihr ein, daß das Federmäppchen noch nicht im Ranzen ist. Das Federmäppchen muß Elfi aber heute unbedingt mitnehmen. Denn im Federmäppchen liegt der Füller, und den Füller braucht sie zum Diktatschreiben in der zweiten Stunde. Wo mag das Federmäppchen sein? Ich hab's noch gesehen gestern abend, denkt Elfi. Aber wo? Verflixt – ausgerechnet heute, ausgerechnet, wenn die Zeit drängt, ist es verschwunden. Elfi guckt unter ihrer Bettdecke, in ihrem Kleiderschrank zwischen Socken und Turnhose, im Papierkorb nach – kein Federmäppchen zu sehen.

Elfis Vater ruft: »Der Schulbus wartet nicht!« Wo kann dieses Ding von Federmäppchen nur sein? Elfi wird zunehmend aufgeregt: Sie wirft alle Pullover aus dem Schrank. Ob das Federmäppchen im Schrank liegt? Sie schüttet ihre Gummistiefel aus. Ob das Federmäppchen in einem Stiefeln steckt? Vielleicht doch nicht so blöd, wenn alles seinen Platz hat und wenn alles auch wirklich an seinem Platz liegt, denkt Elfi zum ersten Mal in ihrem Leben.

Plötzlich hört Elfi eine zarte Piepsstimme. Die Piepsstimme zwitschert: »Hier bin ich!« Was heißt »hier«? Wo ist wer? denkt Elfi und ruft: »Hallo, wer spricht mit mir?« »Ich spreche!« ruft die Piepsstimme. »Ich – das Federmäppchen!« Vor lauter Eile und Aufregung vergißt Elfi, sich zu wundern, daß das Federmäppchen mit ihr spricht. Sie fragt nur atemlos: »Wo hast du dich verkrochen?« »Nicht ich habe mich verkrochen«, antwortet das Federmäppchen, »sondern du hast mich gestern abend in die leere Vase auf der Fensterbank gesteckt.« Elfi hechtet zur Fensterbank, stülpt die Vase um, grabscht nach dem Federmäppchen, das wahrhaftig aus der Vase fällt, schmeißt das Federmäppchen in den Ranzen, wirft sich den Ranzen über die Schulter und rennt aus dem Haus.

Während Elfi zur Haltestelle vom Schulbus trabt, ruft das Federmäppchen aus dem Ranzen: »Räumst du nun heute nachmittag dein Zimmer auf?« Elfi überhört diese Frage. Aber vielleicht – sie muß sich das noch überlegen – tut sie es doch, damit nicht noch einmal passiert, was heute morgen geschehen ist. Welch ein Glück, daß ihr das Federmäppchen beim Suchen geholfen hat!

Tips für Eltern

Ordnung muß nicht unbedingt sein, aber manchmal kann sie nützlich sein. Denn sie hilft,

○ Zeit zu sparen. Wer zu Hause einen Riesenverhau hat, verbringt viel kostbare Zeit mit oft verzweifeltem Suchen: Wo sind meine Socken, wo die Handschuhe, und wer hat meinen Turnbeutel gesehen? Diese Zeit ließe sich besser nutzen;

○ Nerven zu schonen. Suchen – vor allem unter Zeitdruck – strapaziert die Nerven und macht schlechte Laune. Wer seine Dinge einigermaßen in Ordnung hat, erspart sich viel Herzklopfen und Ärger;

○ den Durchblick zu behalten im Zusammensein mit Menschen. Wer sich einigermaßen merkt, wer mit wem was zu tun hat, kann sich besser orientieren;

○ den Überblick zu wahren im Umgang mit Dingen. Und wer einigermaßen Ordnung hält, schont seine Sachen und hat deshalb meist länger Freude daran;

○ Klarheit zu gewinnen in der Auseinandersetzung mit den eigenen Gefühlen und Gedanken;

○ Sicherheit zu gewinnen, denn Ordnung hilft, sich im Alltag zu orientieren.

So können Sie helfen:

- Ordnung halten will geübt sein. Kindern auch im Kinderzimmer eine gewisse Ordnung vorzugeben, ab und zu auf das Einhalten dieser Ordnung zu dringen und zum Aufräumen zu ermahnen, hat seinen Sinn. Wird zusammen aufgeräumt, und zwar jeden Abend vorm Zubettgehen, fällt die Sache meist leichter. Sollen sie Ordnungsprinzipien jedoch sklavisch befolgen, wehren sich die meisten Kinder zu Recht.

- Zu Beginn ist Ordnung zu halten für Kinder vor allem Gewohnheit: Die Schuhe gehören ins Regal, die Mütze auf den Haken und so weiter. Später wird aus der Gewohnheit meist ein Verstehen: Kinder begreifen, was Strukturen sind, wie sich das Leben aufgliedert. Mit ihren Warum-Fragen versuchen Kinder zum ersten Mal, den Strukuren unseres Daseins auf die Spur zu kommen. Mit der Zeit begreifen sie aber auch, daß Ordnung nichts mit Pedanterie zu tun haben muß, nicht starr sein muß, sondern sich immer wieder verändert.

- Zur Ordnung erziehen heißt vor allem, daß die Erwachsenen selbst ein einigermaßen brauchbares Vorbild abgeben. Wer als Kind Ordnung als hilfreich erfährt, als brauchbare, einigermaßen verläßliche Größe im Alltagsgetümmel, hat oft irgendwann selbst das Bedürfnis, eine gewisse Ordnung zu halten.

- Möglichst locker mit dem Thema Ordnung umgehen, damit kein Reizthema daraus wird. Spüren Kinder die übergroße Erwartung der Erwachsenen – »Wir haben doch verabredet, daß du dein Zimmer abends in Ordnung bringst!« –, dann blocken kleine Geister erst recht ab. Es fällt ihnen schwer, die starren Erwartungen der Großen zu erfüllen. Viele reagieren bockig darauf, fühlen sich dann eingeengt.

- Die Geschichte vom sprechenden Federmäppchen kann als Auftakt für ein Gespräch übers Aufräumen dienen, über den Sinn oder den Unsinn von Ordnung.

Wenn ein Kind
dauernd vor dem Fernseher sitzt ...

Die Geschichte vom fernsehkranken Nashorn

Das Nashorn wohnt zusammen mit einem Nilpferd und einem Walroß in einer Wohngemeinschaft in der dritten Etage eines alten Hauses mitten in einer großen Stadt. Das Nilpferd ist sehr fleißig. Jeden Morgen geht es um acht Uhr aus dem Haus und arbeitet bis abends um acht Uhr als Zahnarzt in einer Praxis am alten Stadtwall. Das Walroß ist auch sehr fleißig. Es arbeitet als Bademeister im Hallenbad hinter dem Rathaus und kommt in der Regel gegen sieben Uhr abends nach Hause.

Das Nashorn jedoch ist kein bißchen fleißig. Es geht morgens nicht aus dem Haus. Das Nashorn arbeitet daheim, heißt es in dem alten Haus. Man erzählt sich, es säße Tag für Tag in seinem Zimmer an einem großen Schreibtisch aus Eichenholz und schreibe Krimis. Früher saß das Nashorn wirklich Tag für Tag in seinem Zimmer an einem großen Schreibtisch und dachte sich Krimis aus. Inzwischen hat es das Krimischreiben aber längst aufgegeben. Das weiß nur kaum einer. Warum es aufgehört hat? Das Nashorn hat keine Lust mehr, in die Tasten seines Computers zu hauen, es ist unheimlich faul geworden. Was das Nashorn den ganzen Tag macht, wenn es nicht mehr am Schreibtisch aus Eichenholz sitzt und Krimis schreibt? Es sieht fern, denn das Nashorn ist ein begeisterter Fernsehgucker. Morgens nach dem Aufstehen muß es unbedingt gleich den Wetterbericht sehen, dann die Nachrichten, dann die Sportsendung, dann Zeichentrickfilme, dann die Serie aus Amerika und so fort. Das Nashorn ist in letzter Zeit richtig dünn geworden, weil es nur noch vor der Fernsehkiste hängt und sich keine Zeit mehr nimmt zum Einkaufen, Kochen und Essen.

Kommen seine Freunde abends nach Hause, hängt das Nashorn völlig erschöpft im Sessel vor dem Fernseher und stöhnt: »Bin ich müde von dem vielen Herumsitzen und Gucken!« »Steh auf. Komm mit zum Tennisspielen!« schlägt das Nilpferd vor. »Du brauchst Bewegung!« Das Nashorn rührt sich nicht von der Stelle und jammert: »Kein Gedanke daran, daß ich mit zum Tennisspielen komme. Ich kann doch nicht weg vom Fernseher. Könnte ja einen spannenden Film verpassen!« Anschließend fragt das Walroß, ob das Nashorn mit ins Kino komme. Das Nashorn jammert noch lauter: »Wo denkst du hin! Ich kann jetzt den Fernseher nicht abschalten! Ich warte auf meine Lieblings-Rateshow!«

Immer nur fernsehen, nichts anderes tun: Furchtbar langweilig muß das sein. Das Nilpferd und das Walroß machen sich Sorgen um ihren Freund: Keine Arbeit, kein vernünftiges Essen, keine frische Luft, keine Bewegung – das Nashorn wird krank, wenn es so weitermacht. »Was können wir tun, um das zu verhindern?« fragen sie. »Mit ihm reden hilft nicht weiter.« Plötzlich mischt sich die Maus in das Gespräch zwischen dem Nilpferd und dem Walroß ein. Die Maus, die bei den dreien in der Speisekammer wohnt, hat es sich gerade auf dem Bauch des Nilpferdes bequem gemacht. »Ihr müßt die Fernseherei einfach beenden!« ruft die Maus. Dann springt sie auf und davon. Das Nilpferd und das Walroß schauen ihr spöttisch nach und knurren: »Neunmalschlau, dieses Mäuschen. Kann uns auch nicht sagen, wie wir das Fernsehen beenden könnten!«

Die Maus ist inzwischen ins Wohnzimmer geschlüpft, schleicht auf leisen Pfötchen hinter den Fernseher und beißt das Antennenkabel durch. Die Folge: Nur noch Schneegestöber auf dem Bildschirm. Das Nashorn krächzt, ächzt und springt im Quadrat vor Enttäuschung. Schneegestöber – ausgerechnet jetzt, wenn seine allerliebste Rateshow läuft! Das Nilpferd und das Walroß schauen sich das Schneegestöber und das wütende Nashorn an und sagen erleichtert: »Kaputt! Die Kiste ist kaputt!« Und denken wie befreit: Welch ein Glück. Wie aus einem Munde fragen sie das Nashorn: »Kommst du mit zum Joggen?« Das Nashorn beruhigt sich langsam wieder. Sehr langsam allerdings. Schneegestöber anschauen, das ist langweilig. »Also gut, ich komme mit zum Joggen!« ruft es und zieht sich seine Laufschuhe an. Kaum aus dem Haus, atmet das Nashorn tief durch: Nicht schlecht, mal wieder an der frischen Luft zu sein! »Na, siehste«, sagen seine Freunde. »Das Leben ist ganz nett – auch ohne Fernseher!« »Stimmt, hatte ich fast vergessen«, meint das Nashorn und läuft fröhlich voraneg.

Tips für Eltern

Morgens schon Frühstücksfernsehen, in der Schule Gespräche über das gestrige Abendprogramm, nachmittags und abends wieder jede Menge Fernsehen und zum Schluß noch ein Film per Videorecorder – für viele Kinder spielt der Fernseher eine große Rolle. Eine zu große aus der Sicht ihrer Eltern. Sie versuchen, dagegen anzugehen und andere Akzente zu setzen, scheitern damit aber oft und fühlen sich entsprechend hilflos.

So können Sie gegensteuern:

- Sehen die Eltern viel fern, sitzen sie dauernd vor dem Computer, nutzen sie viele Medien, treten ihre Kinder gerne in ihre Fußstapfen. Sie orientieren sich an diesem Vorbild. Wer den Medienkonsum seines Kindes einschränken möchte, sollte also auch den eigenen kritisch bedenken.
- Kinder sehen mit ganz bestimmten Erwartungen fern: Sie wollen sich unterhalten lassen, wollen lachen, vor Spannung die Luft anhalten … Mit Hilfe des Fernsehers können sie sich in die Stimmung versetzen, die ihnen gerade recht ist: Sind sie müde und lustlos, können sie sich berieseln lassen und müssen ihre Inaktivität nicht überwinden. Sind sie traurig, können sie ein lustiges Programm einschalten und sich ablenken lassen. Und sind sie gelangweilt, können sie sich Spannung per Knopfdruck herbeizaubern. Setzen Eltern hier an, versuchen sie zu der allgegenwärtigen Medienwelt Gegengewichte zu schaffen, vermitteln sie ihren Kindern Erlebnisse aus erster und nicht aus zweiter Hand, verliert der Bildschirm an Reiz. Den meisten Kindern sind gemeinsame Mahlzeiten, längere Gespräche am Eßtisch, Gesellschaftsspiele oder Ausflüge mehr wert als Programme per Knopfdruck.
- Erzählen Sie Ihrem Kind die Nashorn-Geschichte – vielleicht kann es daraus lernen.

7. Kapitel

Sorgen und Nöte, die ein Kind belasten

Wenn ein Kind
um kaputtes Spielzeug trauert …

Die Geschichte vom zerrupften Hühnchen

Nicht größer als eine Erwachsenenhand ist das Huhn – ein perl-weißes Wesen mit knallrotem Schnabel, mit gelben Knopfaugen, orangefarbenen Beinen und langen, dünnen, rosa Krallen. Prächtig und wunderschön sieht das Tier aus. Dazu ist es weich und knuffig wie ein Kopfkissen und duftet nach frischen Maiglöckchen. Dieses prächtige und wunderschöne Tier heißt Erna. Erna frißt keine Körner wie gewöhnliche Hühner. Sie frißt gar nichts. Erna hat keine Federn, sondern ein weiches, warmes Plüschfell. Und noch etwas: Sie lebt nicht mit anderen Hühnern und Hähnen in einem Hühnerstall, sondern unter einer blau-weiß-gestreiften, gemütlichen Decke in einem riesi-gen Bett, unter einer Bettdecke, die so groß ist wie eine halbe Spiel-wiese.

Erna ist noch nicht weit herumgekommen. Mehr als die blau-weiß-gestreifte, gemütliche Bettdecke, die so groß ist wie eine halbe Spiel-wiese, hat sie noch nicht gesehen von der Welt. Sie hält sich immer auf der Decke auf, manchmal auch unter der Decke. Von morgens bis abends ist das Huhn dort zu finden. Es wohnt übrigens nicht allein in dem Bett mit der blau-weiß-gestreiften, gemütlichen Decke, die so groß ist wie eine halbe Spielwiese. Erna lebt bei Friedrich.

Friedrich ist ein Elefant. Ein indischer Elefant. Der Elefant ist schon etwas älter, gerade im richtig guten Elefantenalter. Er hat mindestens tau-send schwarze Pünktchen auf dem Rücken, einen etwas zu kurz ge-ratenen graubraunschwarzen Elefantenrüssel, dazu leicht ausgefranste Elefantenohren. Außerdem ragen zwei reichlich schiefe Stoßzähne aus dem Elefantenmaul.

Friedrich und Erna verstehen sich bestens. Unvorstellbar, daß sie sich trennen könnten. Dauernd ist Friedrich unterwegs und in Aktion. Erna weiß nicht, was er den ganzen Tag tut und treibt. Meistens findet er sich nachmittags wieder zu Hause ein auf der blau-weiß-gestreiften, gemütlichen Decke, die so groß ist wie eine halbe Spielwiese. Dann macht er es sich bequem, reckt sich und streckt sich und setzt sich Erna auf den etwas zu kurz geratenen graubraunschwarzen Rüssel. Er läßt Erna daran rauf- und runterlaufen und schaukeln, auf den Stoßzähnen rutschen, auf den Elefantenohren reiten, auf dem Elefantenbauch tanzen, auf dem Elefantenkopf Purzelbaum schlagen.

Während sie zusammen spielen, erzählt Friedrich, was er erlebt hat. So weiß Erna bestens Bescheid, was sich draußen tut. Ob es warm oder kalt ist und ob die anderen Elefanten guter oder schlechter Laune sind. Friedrich erzählt viel und schnell und gerne. Längst nicht alle Elefanten sind so gesprächig wie Friedrich. Und Erna ist ein sehr geduldiger Zuhörer, nicht so nervös, wie es Hühner sonst meist sind.

Am 13. März, an einem ganz normalen Frühlingstag, kommt Friedrich besonders gut gelaunt nach Hause. Schon in der Wohnungstür ruft er: »Heute machen wir Weitsprung auf der Bettdecke!« Doch von Erna ist nichts zu sehen. Der Elefant ist beunruhigt. Sonst liegt Erna doch immer mitten auf der blau-weiß-gestreiften, gemütlichen Decke, wenn er heimkommt. Wo steckt sie? Wo ist mein Huhn geblieben? Friedrich sucht unter der Decke, auf der Decke – erst langsam und gründlich, dann immer schneller, immer aufgeregter. Das kann nicht sein. Mein Huhn kann nicht verschwunden sein, denkt Friedrich. Seine Elefantenohren zittern vor Aufregung und Verzweiflung. Er steht ganz wackelig auf seinen dicken Beinen. Gleich falle ich in Ohnmacht vor Angst und vor Schrecken, vor Aufregung und Verzweiflung, befürchtet er.

Friedrich legt sich auf die Decke. Tieftraurig ist ihm zumute, und dickes Bauchweh hat er vor Kummer. Er denkt nur an sein Huhn. Sein Elefantenherz klopft schneller als sonst, pumpert und rattert wie eine alte Dampfmaschine. Plötzlich macht das Elefantenherz einen Hüpfer, und alle Aufregung, Verzweiflung, Angst und Traurigkeit sind vergessen. Erna ist wieder da. Er hat sie gefunden, unter der Decke hervorgezogen. In der allerletzten Ecke hat sie sich versteckt.

Aber was ist aus seinem prächtigen, wunderschönen, perlweißen Huhn geworden? Aus dem Huhn mit dem knallroten Schnabel, mit den gelben Knopfaugen, den orangefarbenen Beinen und den langen, dünnen, rosa Krallen? Ein graues Bündel von Huhn, nicht mehr weich und knuffig wie ein Kissen, sondern lappig wie ein Putzlumpen liegt es da. Und außerdem duftet Erna nicht wie frische Maiglöckchen, sondern hier stinkt es nach Tiger. Tiger – das ist die Erklärung. Der Tiger aus der Nachbarwohnung hat sich Erna geschnappt. Und wenn ein Tiger mit einem Huhn spielt, dann sieht das Huhn hinterher aus wie ein gerupftes Hühnchen.

Der Elefant nimmt sein Huhn in die Arme, drückt es, schaukelt es, ist froh, daß es wieder bei ihm ist. Sofort ist aller Kummer vergessen. Und daß Erna nicht mehr so prächtig und wunderschön perlweiß ist, das stört ihn kein bißchen. Hauptsache, sie ist wieder da.

Tips für Eltern

Egal ob Stoffhühnchen, Puppe oder Teddybär – Dinge sind für ein Kind immer von besonderem Wert: Sie sind immer lebendig. Manche Dinge sind ihnen allerdings besonders kostbar, und das hat seinen Sinn: Zuerst sind Mutter und Kind eine Einheit, doch mit jedem neuen Entwicklungsschritt muß sich das Kind ein Stückchen mehr von seiner Mutter trennen. Diese Trennung fällt leichter, wenn da ein Ding ist – etwa Puppe oder Teddybär –, auf das das Kind seine Liebe übertragen kann. Dieses »Übergangsobjekt« wird meist sorgfältig gehütet wie ein kostbarer Schatz.

Ein zerlumpter Stoffetzen, eine alte Decke aus dem Kinderwagen, eine reichlich ramponierte Stoffpuppe, ein abgewetztes Holzauto – gerade die schäbigsten alten Sachen werden von Kindern oft am intensivsten geliebt. Erwachsene tun sich manchmal schwer zu begreifen, daß kleine Kinder ihr Herz an Dinge hängen, die aus ihrer Sicht völlig wertlos sind. An Dinge, die eben nicht edel und glänzend, schon gar nicht perfekt und in Ordnung sein müssen. Wenn solch ein Ding verlorengeht oder zerbricht oder sich Dellen einhandelt, ist die Verzweiflung meist groß. Der Kummer läßt sich nicht so schnell wieder aus der Welt schaffen.

<u>So können Sie helfen:</u>

- Den Kummer des Kindes respektieren und gemeinsam mit ihm um das geliebte Spielzeug trauern, über den Verlust reden. Das Spielzeug und seine Qualitäten noch einmal in Erinnerung rufen. Wer sich auf den Kummer des Kindes einläßt, mitfühlt und versteht, daß das zerfledderte Ding von Spielzeug ein Freund, ein heißgeliebtes Wesen war, dem fällt das Trösten nicht schwer.

- Bemerkungen vermeiden wie »Das war doch nur ein Stofftier (eine Puppe, ein Teddy)!« Solche Sätze kränken Kinder nicht nur, sondern verstärken das Gefühl: »Keiner versteht, wie traurig ich bin!« Die Folge: Sie fühlen sich doppelt allein gelassen.

- Auch alles andere als hilfreich: gleich in den nächsten Laden laufen, um Ersatz herbeizuschaffen. Das alte Stofftier, die alte Puppe läßt sich eben nicht ruck, zuck ersetzen. Statt dessen das Kind selbst bestimmen lassen, was jetzt geschehen soll: »Sollen wir ein neues Spielzeug kaufen, oder warten bis zum nächsten Geburtstag?«

- Kinder interessieren sich für Geschichten, die ihre eigenen Erfahrungen widerspiegeln. So zittern sie mit dem Elefanten, wenn er sich auf die Suche nach seinem Hühnchen macht: »Wo steckt das Tierchen bloß?«, und atmen mit ihm auf, wenn es wiederauftaucht. Ganz egal, ob blendend weiß oder grau und zerrupft, Hauptsache, das Tierchen ist wieder da und die Geschichte hat ein gutes Ende.

Wenn ein Kind
im Krankenhaus liegt …

Die Geschichte von Pik- und Herz-Dame

Inzwischen kennt sie den Weg im Krankenhaus: vorbei am Pförtner, links die Treppe hoch durch die Glastür, dann die zweite Tür rechts. In dem mittleren der drei Betten thront Jan. »Heute bist du aber früh dran!« sagt er. Seit Wochen schon liegt Jan in der Klinik. Es dauert und dauert. Er wird einfach nicht gesund. Seit Wochen besucht ihn Julia regelmäßig.

Kaum hat Julia das Zimmer betreten, sieht sie, in welcher Stimmung Jan ist. Immer seltener grinst er. Immer häufiger nörgelt er mies gelaunt, wenn sie auf seiner Bettkante sitzt: »Wann kann ich diesen Laden endlich verlassen? Wann darf ich nach Hause?« Der Zeitpunkt steht noch nicht fest. Jan braucht viel Geduld. Manchmal verliert er die Geduld. Dann weint er und läßt sich kaum trösten. Der ganze Krankenhausbetrieb fällt ihm auf die Nerven. Kein Wunder, daß Jan von Klinik und Kranksein nichts mehr hören, nichts mehr sehen will, denkt Julia. Von morgens bis abends Ärzte, Schwestern, Medikamente, Untersuchungen, das ist wirklich öde.

Julia gibt sich große Mühe, Jan aufzuheitern. Nur wie? Manchmal bringt sie ihm eine Sportzeitung mit oder einen extraguten Stift oder Fotos, die sie für ihn gemacht hat. Meistens freut sich Jan über das, was sie anschleppt. Noch mehr freut er sich aber über die neuesten Geschichten aus der Schule. Schon auf dem Weg in die Klinik überlegt sich Julia, was sie Jan heute berichten könnte. Soll sie ihm erzählen, daß sich Jo und Hansi in der großen Pause geprügelt haben? Daß drei aus der Klasse nachsitzen mußten, weil sie vergessen hatten, ihre Deutsch-Schulaufgabe zu verbessern? Daß die Lehrerin einen neuen rosa Pullover trägt mit aufgesticktem Känguruh?

Wenn sie aus der Schule berichtet, hört Jan geduldig zu. Manchmal gähnt er. Dann weiß Julia auch nicht weiter. Stimmt. Die Geschichten sind ziemlich langweilig. So langweilig wie die ganze Schule. »Da verpaßt du nicht viel«, sagt Julia.

Irgendwann ist Julia auf die Idee gekommen, Jan die Geschichten zu erzählen, die sie im Kopf hat. Julia trägt eine Menge Geschichten mit sich im Kopf herum, lauter erfundene Geschichten, und die erzählt sie Jan. Manchmal gelingt es ihr, ihn damit zum Lachen zu bringen. Oder zum Nachdenken. Oder zum Nachfragen. Auf jeden Fall vergißt er das langweilige Krankenhaus-Einerlei für ein Weilchen, wenn Julia auf seiner Bettkante sitzt und Geschichten erzählt. Lauter Geschichten von seltsamen Typen. Manchmal hören auch die Bettnachbarn von Jan zu. Julia erzählt vom kleinen Wäschekorbmann, der im Wäschekorb haust. Vom Drachenflieger, der bis nach Afrika segelt. Vom Nilpferd, das wasserscheu ist.

Heute berichtet sie von zwei Damen. Von Pik-Dame und Herz-Dame. Die Damen leben zusammen mit anderen Spielkarten in einer verkramten, staubigen Schreibtisch-Schublade. Außer den Spielkarten wohnt noch ein Radiergummi in der Schublade, ein alter Füller und eine Uralt-Schere. Den beiden Damen ist stinklangweilig in der Schublade. Sie stacheln die anderen Spielkarten auf: »Wir liegen hier ordentlich gestapelt im hintersten Schubladeneck, da müssen wir uns nicht wundern, wenn man uns übersieht und wir nie herauskommen.« Die beiden Damen überreden die übrigen Spielkarten und die anderen Schubladenbewohner, für Unordnung in der Schublade zu sorgen, denn: »Dann nimmt man uns wahr!« Es klappt: Alle Schubladenbewohner veranstalten ein Riesendurcheinander. Als der Schreibtisch-Besitzer seine Schublade aufzieht, entdeckt er das Chaos: Spielkarten, Füller, Uralt-Schere, Radiergummi – alles ein wüster Haufen. Während der Schreibtisch-Besitzer die Spielkarten ordnet, kommt ihm eine Idee: »Eigentlich könnte ich meine Freunde zum Kartenspielen einladen!« Er ordnet die Karten und legt sie auf den Schreibtisch, damit er sie findet, wenn er sie braucht. Endlich Licht und Freiheit! Kaum ist der Schreibtisch-Besitzer außer Sichtweite, krabbeln die Damen Pik und Herz aus dem Kartenstapel und machen sich auf die Socken. Sie haben keine Lust auf Kartenspiele. Sie sind auf Abenteuer aus und wollen sich umschauen.

Jan will wissen, wohin die Damen Pik und Herz marschieren. Julia muß ein Momentchen überlegen. Dann sagt sie: »Sie kommen bei dir in der Klinik vorbei. Nachschauen, wie's dir geht. Sie tanzen auf deiner Bettdecke herum, singen laute Lieder und bringen Stimmung in die Bude. Und wenn der Arzt kommt oder die Schwester, dann verstecken sie sich unter der Bettdecke. Sonst müssen sie zurück zu dem Schreibtisch-Besitzer und der verkramten, staubigen Schreibtisch-Schublade.« Jan lächelt.

»Welche Geschichte soll ich dir beim nächsten Besuch erzählen?« fragt Julia beim Abschied. Jan überlegt nicht lange: »Du könntest mir die Geschichte von einem Haifisch erzählen, dem plötzlich Beine und Arme wachsen, der an Land geht, sich in die Fußgängerzone begibt und Tomaten kaufen will!« »Mal sehen, was mir dazu einfällt«, sagt Julia, winkt Jan noch einmal zu und macht die Tür vom Krankenhauszimmer hinter sich zu.

Tips für Eltern

Im Krankenhaus zu liegen macht Kindern angst, selbst wenn sie Mutter oder Vater bei sich haben. Dieser Riesenapparat von Klinik wirkt steril, anonym und unheimlich. Die Untersuchungen, die Spritzen, die Medikamente sind oft eine große Quälerei. Alles muß hier schnell, schnell gehen: Ärzte und Krankenschwestern haben in der Regel wenig Zeit für ihre Patienten, da bleibt kaum Zeit für Späße und längere Gespräche. Und dazu kommt: Die Krankenhaustage wollen einfach nicht vergehen. Sie sind schrecklich langweilig. Auf das kranke Kind kommen in der Klinik also anstrengende, oft auch schmerzhafte Tage oder sogar Wochen zu. Da ist es wichtig, daß sie mit ihren Sorgen und Nöten nicht allein gelassen werden.

So können Sie helfen:
• Das Kind mit Hilfe von Geschichten, Büchern, Gesprächen vorbereiten. Die meisten Krankenhaus-Aufenthalte sind geplant, es bleibt also vorher Zeit.

- In den Gesprächen auf die Ängste des Kindes eingehen und auch die eigenen Befürchtungen nicht ganz aussparen. Das Thema klipp und klar und kurz ansprechen. Es nicht zu sehr auswalzen und schon gar nicht dramatisieren. Zeigen die Erwachsenen ihre Gefühle, sprechen sie darüber, dann fällt es auch Kindern leichter, ihre eigenen Gefühle wahrzunehmen und zu äußern.
- Wenn nötig, auf Freunde und Verwandte zugehen, ihnen erklären, warum es so wichtig ist, daß das erkrankte Kind Kontakt hält mit seinem alltäglichen Umfeld. Sie bitten, es anzurufen, ihm zu schreiben und es zu besuchen.

Das können Sie tun, wenn ein Freund Ihres Kindes in der Klinik liegt:
- Liegt ein Kind in der Klinik, haben auch die Verwandten und Freunde manchmal ihre Probleme mit dieser Ausnahmesituation. Viele machen einen großen Bogen um alles, was mit Klinik und Krankheit zu tun hat. Das Ganze macht angst und wird gerne verdrängt. Doch es ist wichtig, dem Verdrängen entgegenzuwirken. Mit dem Kind überlegen, was es für den kranken Freund oder die kranke Freundin bedeutet, in der Klinik liegen und Schmerzen aushalten zu müssen und gemeinsam nachdenken, wie man ihm seine Situation erleichtern könnte. »Worüber freut er sich am meisten? Über Ansichtskarten oder Briefe, über Telefonate oder regelmäßige Besuche?« Selbst sechsjährige Kinder sind alt genug für solche Gespräche. Auch wenn sie vielleicht nicht jeden Gedanken voll erfassen, so merken sie sich doch bestimmte Sätze, nehmen das mit, was sie verarbeiten und begreifen können. Es lohnt sich also, nach Erklärungen zu suchen und nach einem Einstieg in solch ein Gespräch.
- Als Auftakt eines Gespräches kann die Geschichte von Jan und seiner Freundin dienen. Wer Kinder ermutigt, ihre Gedanken und ihre Gefühle, ihre Ängste, ihre Sehnsüchte, ihre Freuden zu erforschen und zu benennen, ermutigt sie damit auch, sich anderen gegenüber zu öffnen. So lernen sie, Verständnis zu zeigen für die Empfindungen und Nöte anderer und darauf einzugehen.
- Aufgrund neuerer Untersuchungen gehen Psychologen heute davon aus, daß die Veranlagung zu Hilfsbereitschaft und Mitgefühl angeboren ist, daß sie jedoch geweckt und gefördert werden muß, um sich entfalten zu können.

**Wenn ein Kind
sehr ängstlich ist …**

Die Geschichte vom Angsthasen

Den Wald hat er hinter sich gelassen. Der kleine Hase läuft auf ein Feld zu. Auf ein furchtbar breites und langes Feld. Überall Sonne, Staub und nichts als Stoppeln. Unendlich viele gelbe Stoppeln, lauter kurze, harte Dinger, die weh tun an den Pfoten, wenn man darüber läuft. Die piksen und kratzen. Weit und breit kein Baum zu sehen auf diesem Feld und auch kein Strauch. Nichts, wo man sich verstecken könnte im Notfall, wenn man mitten auf dem Feld wäre und ein Hund käme oder ein Raubvogel.

Der kleine Hase mag nicht über die Stoppeln hoppeln. Er duckt sich ins Gras. Ganz tief hinein duckt er sich. Der kleine Hase hat Angst. »Schluß mit dem Ausruhen. Hopp, hopp, hoppel-di-poppel – ab durch die Mitte quer übers Feld!« Drei alte Hasen beugen sich über den kleinen Hasen. Was jetzt kommt, ahnt er schon. Jetzt kommen die üblichen Mutmach-Sprüche: »Ist doch nicht so schlimm!« und »Reiß dich zusammen!«, »Stell dich nicht so an!« und »Mach uns keine Schwierigkeiten!« Der kleine Hase klappt die Ohren zu und duckt sich noch tiefer ins Gras. Er rührt sich nicht vom Fleck, nicht einen Zentimeter bewegt er sich.

Die alten Hasen sind ratlos. Sie schauen den kleinen Hasen zwar an, sehen ihn aber trotzdem nicht wirklich. Sehen nicht, daß er ganz blaß ist um die Nase und zittrig um die Schnute. Die großen Hasen erkennen nicht, wie elend dem kleinen Hasen zumute ist, denn sie sind viel zu sehr mit sich selbst beschäftigt. Sie denken an den langen Weg, den sie noch vor sich haben. Sie spüren Durst und Hunger. »Wird Zeit, daß wir etwas dagegen tun!« murren sie. »Wie lästig«, denken die alten Hasen, »wie ärgerlich.« »Wenn du jetzt nicht aufstehst und mitkommst, dann …,« sagen sie. Jetzt kommt die Sache mit dem »Wenn, dann …«, denkt der kleine Hase, klappt die Ohren erst recht zu und schließt die Augen. Ich will nichts hören, will nichts sehen! heißt das. Ich bin gar nicht da! Und es bedeutet dazu: Mir geht es nicht gut. Ich bin traurig! Aber das merkt nur, wer genau hinschaut. Und die alten Hasen schauen nicht genau hin. Sie fragen auch nicht. Sie wollen eigentlich überhaupt nicht wissen, was mit dem kleinen Hasen los ist. Sie wollen sich nur um sich selbst kümmern und denken nur an sich selbst.

Während die alten Hasen beratschlagen, was nun zu tun sei – »Sollen wir den Kleinen hierlassen und hoffen, daß er nachkommt, oder sollen wir ihn einfach huckepack nehmen und mitschleppen?« –, hört der kleine Hase ein Krispeln und Kraspeln im Gras. Eine dicke, rote, alte Schnecke kriecht auf ihn zu. Und diese dicke, rote, alte Schnecke sieht sofort mit ihrem alten Schneckenblick, daß dem kleinen Hasen elend zumute ist. »Dir geht es nicht gut«, sagt sie. »Die alten Hasen quasseln und quasseln, statt sich um dich zu kümmern. Warum bist du so traurig?« Der kleine Hase atmet auf: Endlich einer, der mich anschaut. »Mir geht es nicht gut, weil ich Angst habe«, sagt der kleine Hase. »Angst vor der heißen Sonne, vor dem Staub und vor den harten Stoppeln. Ich traue mich nicht, über das Feld zu laufen! Und ich bin traurig, weil sich die alten Hasen nicht für meine Sorgen interessieren!« »Für einen so kleinen Hasen ist das Feld wirklich reichlich groß«, sagt die dicke, rote, alte Schnecke. »Da ist es verständlich, daß ein kleiner Hase hier zum Angsthasen wird. Das kann ich mir gut vorstellen!«

Der kleine Hase freut sich, daß die Schnecke seine Nöte versteht. Er reckt und streckt sich und kommt wieder auf die Beine. Er hat eine Idee: »Ich muß gar nicht über das Feld rennen, um nach Hause zu kommen. Ich schlage einfach einen Riesenhaken und laufe um das Feld herum, ich mache einen Umweg durch den Wald!« Sofort macht sich der kleine Hase auf den Weg. Mit Beratschlagen beschäftigt, dauert es eine Weile, bis die alten Hasen merken, daß der kleine Hase längst auf und davon ist.

Die alten Hasen wundern sich. Der älteste von ihnen sagt: »Wo ist denn nun der Kleine geblieben? Er traut sich doch nicht nach Hause.«

»Davon hat er nichts gesagt!« meint der zweitälteste Hase. »Über das Feld traute er sich nicht. Das war sein Problem.« »Wir haben uns nicht gut um ihn gekümmert!« ruft der drittälteste Hase dazwischen. »Wir haben ihm nicht zugehört und nicht nachgefragt. Wir waren nur mit unserem eigenen Gequassel beschäftigt. Seine Angst haben wir gar nicht richtig ernst genommen!«

Die alten Hasen nicken und sind sich einig: Beim nächsten Mal machen sie es besser. Und dann suchen sie nach dem kleinen Hasen. Wenn sie wüßten, daß der kleine Hase längst zu Hause ist und auf sie wartet!

Tips für Eltern

Sicherlich können sich viele Kinder in dem Angsthasen wiedererkennen. Schlägt sich der kleine Hase doch mit eben den Gefühlen herum, die auch ihnen vertraut sind und manchmal zu schaffen machen: sich ängstlich, unverstanden, allein gelassen fühlen und traurig sein.

Alle Kinder, auch Kinder, die in ihrer Familie viel Geborgenheit, viel Vertrauen und Verständnis erleben, kennen das Thema Angst aus eigener Erfahrung. Oft schämen sie sich ihrer Ängste – »Schließlich bin ich kein Baby mehr, sondern schon groß!« Und Große haben aus Kindersicht mutig, möglichst cool und lässig zu sein! Deshalb rücken auch sonst redselige Jungen und Mädchen nicht unbedingt mit den Sorgen heraus, die ihnen auf der Seele lasten. Und selbst wenn sie reden wollten, könnten es nicht alle, denn in vielen Familien wird auch heute noch kaum über Gefühle gesprochen – über eigene Empfindungen schon gar nicht, nach dem Motto: »Das kann ich nicht!« oder »Das geht niemanden etwas an!« Das Äußern von Gefühlen muß erst gelernt werden, und dabei haben nicht nur Kinder, sondern auch viele Erwachsene – Väter noch eher als Mütter – ihre Lektion zu lernen.

So können Sie helfen:
• Die Geschichte vom kleinen Angsthasen kann ein Aufhänger sein, um mit Kindern über das Thema Angst ins Gespräch zu kommen. Sie regt nicht nur zum Nachdenken an über den Umgang der Großen mit den Kleinen und

deren die Nöte, sondern auch zum Nachdenken über eigene Erfahrungen in puncto Angst: »Kenne ich die Empfindungen des kleinen Hasen? Bin ich manchmal ebenso traurig, ebenso verzagt wie er, oder ist bei mir alles ganz anders?« Beim Nachdenken, beim Nachfragen und Beantworten der Fragen ordnen sich die eigenen Gedanken, und damit gewinnen Kinder wieder ein Stückchen mehr (Selbst-)Sicherheit. Sie lernen so, ihre Empfindungen nicht nur wahrzunehmen, sondern auch zu beschreiben.

- Sie sollten Kinderängste ernst nehmen, auch wenn Erwachsene sie vielleicht nicht immer nachvollziehen können. Machen Sie sich bitte nicht darüber lustig. Kinder erwarten zu Recht, daß ihre Gefühle respektiert werden.
- Zuhören, wenn Kinder von ihren Nöten berichten, Zeit haben für sie und zärtlich, behutsam mit ihnen und ihren Gefühlen umgehen. Sind die Ängste gravierend, suchen Sie Hilfe in einer Erziehungsberatungsstelle oder bei einem Kindertherapeuten.
- Wichtig ist auch, sich mit den Problemen auseinanderzusetzen. Die Sorgen der Kinder nicht abzuschmettern nach dem Motto: »Das ist doch Quatsch (absurd, unvernünftig)!« Keine guten Ratschläge geben wie »Nun reiß dich zusammen! Sei tapfer!« Damit wird höchstens erreicht, daß Kinder ihre Gedanken und Gefühle künftig unter Verschluß halten und das Vertrauen verlieren, sie zu zeigen.

Wenn ein Kind
viel allein zu Hause ist …

Die Geschichte von der Schattenente

Nicki steht vor dem Automaten mit roten, gelben, grünen und blauen Kaugummikugeln. Er schließt mit sich selbst eine Wette ab: »Ich wette«, sagt er, »daß es am meisten von den roten Kaugummikugeln gibt!« Dann zählt er die Kugeln. Jede Farbe extra. Pech gehabt. Wette verloren. Nicki zählt mehr blaue als rote Kaugummikugeln. Danach schaut er sich die Schätze an, die zwischen den Kugeln stecken. Einen silberner Ring mit lila Stein entdeckt er, einen kleinen, goldenen Seeräuberdolch, einen giftgrünen Pudel aus Plastik. Soll er sich heute – ausnahmsweise – eine Kaugummikugel gönnen oder besser nicht? Er kramt nach Geld in seiner Hosentasche. Kein Geld dabei.

Nicki geht in Richtung Supermarkt. Er geht rückwärts, hat beschlossen, mindestens zehn Schritte rückwärts zu gehen, ohne sich umzudrehen und ohne zu gucken. »Schaffe ich es, oder remple ich irgendein Ding, irgendeine Person an?« Das ist die Frage bei diesem Spiel.

Beim Supermarkt studiert Nicki die Plakate, die im Schaufenster hängen. Heute im Sonderangebot: Paprikawurst und Farmerschinken. Nicki gähnt. »Du hast es wohl nicht besonders eilig, von der Schule nach Hause zu kommen!« sagt Frau Riedling, die ihr Fahrrad gerade am Supermarkt abstellt. Frau Riedling wohnt im Nachbarhaus und kennt Nickis Mutter. Nicki grinst und trödelt weiter.

Neben Kaugummiautomat und Supermarkt hat Nicki noch weitere Anlaufstationen, die er täglich auf dem Schulweg abhakt: Vorm Schaufenster beim Bäcker spielt er »Was würde ich kaufen, wenn ich fünf Mark hätte?«, vorm Blumengeschäft spielt er »Ich bin ein Leopard!« – er spiegelt sich im Schaufenster, schneidet Grimassen und versucht leopardenmäßig auszusehen.

Nicki hat jede Menge Zeit. Warum soll er sich beeilen, nach Hause zu kommen? Zu Hause ist niemand, der auf ihn wartet, und dort ist es reichlich langweilig – so ganz allein. Also völlig egal, ob ich früher oder später eintrudle, denkt Nicki. Er weiß, wenn er sich viel Zeit läßt für den Heimweg, ist der Nachmittag zu Hause weniger lang: die Wartezeit, bis die Mutter vom Büro heimkommt.

Selbst wenn Nicki noch so trödelt: Irgendwann hat der Heimweg von der Schule ein Ende. Jetzt ist er zu Hause angekommen – Reichmutweg 11 –, er schließt die Wohnungstür auf, pfeffert Ranzen und Jacke auf den Stuhl im Flur und schlendert in die Küche. Ungemütlich ist es in der Küche, kalt und leer. Nicki dreht die Heizung und das Radio an, will Nachrichten hören. Nicht wegen der Nachrichten, sondern weil er eine Stimme hören will, stellt er das Radio an. Denn wenn einer da ist, der spricht, und sei es auch nur aus dem Radio, fühlt sich Nicki weniger allein. Das Radio so also wichtig.

Nicht so wichtig ist das Mittagessen. Im Topf auf dem Herd sind Rouladen. Nicki hat keine Lust, die Rouladen aufzuwärmen, und Tisch zu decken und richtig zu essen. Allein am Küchentisch sitzen? Nein, danke – zu öde. Nicki läßt die Rouladen Rouladen sein, holt sich Joghurt aus dem Kühlschrank und macht sich ein Müsli. Mit der Schale samt Müsli schlendert er ins Wohnzimmer. Erst einmal nachschauen, was der Fernseher zu bieten hat. Daß er jeden Tag fernsehen kann, und zwar so lange, wie er mag, und daß keiner kommt, der sagt: »Nun reicht's aber!«, macht Nickis Freund Christoph großen Eindruck. »An deiner Stelle würde ich den ganzen Nachmittag vor der Glotze sitzen«, sagt er immer. Nicki zappt durch die Programme. Nichts interessiert ihn: keine Spielshow, kein Zeichentrickfilm. Alles irgendwie schon mal gesehen. Nicki knibbelt an den Fingernägeln, kaut an der Unterlippe und schaltet den Fernseher aus.

Eigentlich könnte ich jetzt Hausaufgaben machen, denkt er. Das wäre jetzt der richtige Moment. Es wäre der richtige Moment – aber es ist nicht der richtige Augenblick, denn Nicki kann sich nicht aufraffen, etwas zu tun. Will keine Hausaufgaben machen, will gar nichts machen. Er gähnt, legt sich auf den Teppich und streckt alle viere von sich. Nicki wird nicht schläfrig, sondern kribbelig und unruhig. Er hält es nicht aus da unten auf dem Teppich, steht auf und geht in sein Zimmer. Jetzt weiß er, was er will: Nicki zieht die Vorhänge zu, verdunkelt sein Zimmer, rückt den Hocker vors Bett, stellt die Schreibtischlampe auf den Hocker und schaltet das Licht an. Alles bereit: Die Schattenente kann kommen.

Nicki liegt auf seinem Bett, spielt mit seinen Händen im Lampenlicht und mit den Schatten, die sich auf der Wand hinter seinem Bett abzeichnen. Er formt aus seinen Händen eine Ente. Eine Ente mit einem langen Schnabel, den sie erst langsam und nur wenig, dann immer weiter aufreißt. Es kommt Bewegung in die Ente. Nicki läßt sie nach Musik aus dem Kassettenrecorder tanzen, einen wilden, wüsten Ententanz vorführen auf der Wand hinter seinem Bett. Er hat seinen Spaß an der Schattenente und den Kunststücken, die sie zeigt. Nicki fühlt sich weniger einsam und verlassen, denn jetzt hat er Besuch bekommen. Die Schattenente macht jeden Blödsinn mit.

Tips für Eltern

Jeder kennt dieses Gefühl: Der Tag ist nicht so gelaufen, wie er laufen sollte. Die Laune ist entsprechend mies. Ist in dieser Situation niemand da zum Trösten und Mutmachen, ist ein Kind häufig über Stunden sich selbst überlassen, weil es zum Beispiel bei Berufstätigkeit der Eltern nicht in einen Hort oder zu Großeltern oder zu Freunden gehen kann oder mag, dann fühlt es sich schnell zur Seite geschoben und nicht wichtig genommen: »Keiner da, der sich um mich kümmert. Die Großen sind dauernd unterwegs und ewig unter Druck, sie haben nur ihr eigenes Programm im Kopf und keine Zeit für mich!« Das Kind wird zur Randfigur im Alltagsbetrieb, und das macht traurig: »Im Grunde bin ich unwichtig!« Die Folge: Das Selbstwertgefühl leidet, denn es fürchtet, seiner Mutter, seinem Vater lästig zu sein.

Nicht nur Babys, sondern auch ältere Kinder brauchen viel Nähe, Wärme, Zärtlichkeit und das Gefühl: Da ist jemand, der sich immer für mich interessiert! Nur wenn ihr Bedürfnis nach liebevollem Kontakt befriedigt wird – zuverlässig, regelmäßig und ausreichend –, können sie sich körperlich und seelisch gesund entwickeln.

So können Sie helfen:

- So oft wie möglich dasein für die Kinder oder sonst für liebevolle Betreuung sorgen. Kinder genießen es, wenn jemand für sie da ist – Mutter, Vater, irgendeine geliebte Person, die zuhört, wenn sie erzählen. Eine Person, die nachfragt, mitdenkt, ganz bei der Sache ist, sie häufig und fest in die Arme nimmt und so neue Kräfte weckt.

- Kinder wollen spüren, daß sie geliebt werden. Sie verlangen keine großartigen Liebesbeweise, schon gar keine Verwöhnung. Liebe zeigt sich nicht in materiellen Zuwendungen oder zeitaufwendigen Freizeitaktionen, sondern vor allem in vielen, kleinen, verständnis- und liebevollen Gesten, Blicken, Worten. Sie zeigt sich beim Trösten, beim Zuhören, beim Schmusen (auch schnell mal im Vorübergehen), beim Reden, beim Spielen, beim Vorlesen oder Erzählen von Gute-Nacht- und anderen Geschichten (zum Beispiel der von Nicki). Wenn Eltern für ihr Kind da sind, wenn sie immer wieder zeigen: »Ich habe dich lieb«, dann spürt es: »Meine Eltern sind froh, daß es mich gibt!« Und vor allem wenn Eltern getrennt leben, brauchen Kinder diese »Liebesbeweise«.

Wenn ein Kind
unter Heimweh leidet ...

Die Geschichte von den
Schmetterlingen im Bauch

Der November ist allen Gespenstern der liebste Monat. Wenn es knackig kalt ist und dauernd regnet, wenn der Wind durch die Gegend tobt, fühlen sich Gespenster rundherum und vollkommen wohl. Im November haben sie keine Lust auf Gespensterpflichten und Alltag, sondern wollen das Geisterleben mal richtig genießen. Sie machen Ferien vom langweiligen Herumgeistern in den gewohnten Gemäuern und verreisen.

In diesem Jahr verreisen auch die Weißlings, eine fröhliche Gespensterfamilie aus Lippe in Westfalen. Die Weißlings leben in einer kleinen Stadt, in einem Schloß, das einem Bonbonfabrikanten gehört. Die Reise soll nach Schottland gehen. Schottland ist seit langem in Mode unter Gespenstern, denn in Schottland ist Verlaß darauf, daß es wunderbar regnet und herrlich grau ist. Und außerdem findet man in Schottland jede Menge Schlösser. Alles genau richtig für Gespenster. Aber nicht unbedingt geeignet für ein so kleines Gespenst wie den kleinen Weißling, der noch in den Kindergarten geht. Deshalb beschließen die großen Weißlings, den kleinen Weißling zu seiner Tante zu schicken. Die Tante wohnt in der Nähe von Freiburg.

In einer angenehm frostigen, rauhen Novembernacht fahren der kleine Weißling und sein Gespenstervater mit dem Nachtzug nach Freiburg. Natürlich machen sie sich vorher unsichtbar. Wenn Gespenster auf Reisen gehen, machen sie sich immer unsichtbar, um kein Aufsehen zu erregen. In Freiburg steigen die beiden in einen Bus um. Gegen Morgen trudeln sie schließlich bei der Tante ein. Und während die alten Gespenster von alten Zeiten reden, als sie noch sagenhaft gut auf Zack waren und ganze Städte mit ihrem Stöhnen und Ächzen verrückt machten, schaut sich der junge Weißling um. Die Tante ist schön. Ich habe selten ein so schönes Gespenst gesehen, denkt der kleine Weißling, wie diese Tante. Zartgelb bis leichenblaß ist sie, mit riesigen, runden, kohlschwarzen Augen und einem Hexenlächeln zum Gänsehautkriegen. Die Tante wohnt in einem alten Turm, weit ab vom nächsten Dorf. Ganz oben unterm Dachjuche lebt sie.

Am nächsten Abend verabschiedet sich Vater Weißling, winkt dem kleinen Gespenst zu und ruft: »Schöne Ferien!« und »Mach's gut!« Die Tante gibt sich in den nächsten Nächten alle Mühe, ihrem Neffen die Ferien angenehm zu machen – richtig toll auf Gespensterart.

Schon zum Frühstück, abends gegen acht, tischt sie ihm die leckersten Spinnenbeine mit Fliegensoße auf. Und um Mitternacht serviert sie ihm ein Mahl aus Fischgräten und Knochen. Der kleine Weißling nimmt nur kleine Kostproben, ganz kleine. Das macht die Tante stutzig: »So wird nie ein richtiges kräftiges Gespenst aus dir. Du mußt mehr reinhauen«, krächzt sie. Der kleine Weißling gibt sich alle Mühe. Die Tante schaut ihn nachdenklich an. »Immer nur winzig kleine Häppchen, das ist nichts!« sagt sie.

Nachts, wenn sie ausgeht, nimmt die Tante den kleinen Gespensterneffen mit auf ihre Touren und bringt ihm das Fliegen bei. Die beiden schwirren durch die Lüfte, tanzen und toben mit den Fledermäusen. Die Tante ächzt so schrill, daß die Fichten vor Schreck ihre Nadeln verlieren und die Füchse sich die Ohren zuhalten. Der kleine Weißling ist nach einer halben Stunde schon aus der Puste und sagt: »Ich kann nicht mehr!« Die Tante schaut ihn noch nachdenklicher an. »Du bist anders als andere Geister. Nicht so richtig typisch gespenstermäßig! Du bist eben eine besondere Sorte von Gespenst!« Aber was für eine Sorte von Gespenst der kleine Weißling ist, das versucht sie nicht herauszufinden. Keine Zeit. Die Tante ist mit ihren Gespenstergedanken schon wieder ganz woanders. »Morgen nacht gehen wir auf Mäusejagd und treffen uns zu einer Heulstunde auf dem Friedhof mit den Schwarzwaldgeistern«, sagt sie und flattert laut juchzend und stöhnend auf und davon. »Ich komme bald zurück«, kreischt sie und fliegt davon.

Da sitzt der kleine Weißling nun allein unterm Dach in dem Turm auf dem Lande, da unten bei Freiburg. Ihm ist fürchterlich elend zumute. Mitten in der Nacht kriecht er ins Bett, und das will was heißen, denn Gespenster gehen nachts eigentlich nie zu Bett. Stimmt, ich mag keine Spinnenbeine und keine Fliegensoße, keine Fischgräten und Knochen, denkt er. Und ich mag nur die grünen und die roten, die gelben und die blauen Bonbons. Bonbons, die der Bonbonfabrikant zu Hause in allen Gemächern verstreut – extra für mich. Ich will nicht fliegen, tanzen und toben und auch nicht schrill ächzen. Laute Geräusche kann ich nicht ertragen. Und frische Luft mag ich auch nicht. »Nicht jedes Gespenst hat Freude an Abenteuern«, sagt sich der kleine Weißling. »Ich hab's eben lieber ruhig und gemütlich! Die Tante und ich, wir passen einfach nicht zusammen. Da kann man nichts machen!« Die Tante mag ja lieb und gut und fröhlich sein, aber sie versteht den jungen Weißling wirklich nicht. Sie kapiert einfach nicht, daß dieses kleine Gespenst ein sanftes Gespensterlein ist mit einer zarten Geisterseele. Ein Geschöpf, das gerne den Mond ansingt und leise durch Schloßgemächer schwebt und überhaupt keine Lust hat auf Mäusejagd. Und an einer Heulstunde mit Schwarzwaldgeistern auf dem Friedhof mag es auch nicht teilnehmen.

Der kleine Weißling verkriecht sich unter seine Bettdecke. Tief unter der Bettdecke fühlt er sich sicher, warm, gut aufgehoben und trotzdem scheußlich einsam und verlassen. Der kleine Weißling weint sein Bettlaken naß. Sein Bauch tut weh vor Angst und Aufregung. Er hat ein komisches Gefühl im Magen – so, als flatterten tausend Schmetterlinge darin herum und wollten einfach keine Ruhe geben. Der kleine Weißling leidet unter Heimweh. Das Heimweh macht ihn ganz krank. Er wälzt sich in seinem Bett herum und kann nicht schlafen, denn die immer gleichen Gedanken gehen ihm durch den Kopf: Er denkt an die großen Weißlings, die irgendwo im fernen Schottland durch Schloßgemäuer schweben. Ob sie ihn vergessen haben? Oder ob sie ab und zu an ihn denken? Ob sie ihn vermissen?

Plötzlich klingelt das Telefon. Das kleine Gespenst hüpft aus dem Bett, schwebt so schnell, wie es noch nie geschwebt ist, zum Telefon und hört die liebste aller Gespensterstimmen. Und diese Stimme sagt: »Kleiner Weißling, ich vermisse dich! Ich habe Sehnsucht nach dir!« Der kleine Weißling weint schon wieder. Diesmal vor Erleichterung und Freude: Die großen Weißlings haben ihn nicht vergessen. Sie denken an ihn. »Ganz viel und ganz häufig denken wir an dich!« sagt die Gespenstermutter am Telefon. Und ohne ihn sei die Reise nach Schottland auch nicht das ganz große Vergnügen. Und dann sagt sie: »Tschüs, mein Kleiner! Und grüß die Tante. Sie ist eine gute Gespensterseele und hat dich lieb, auch wenn sie das vielleicht nicht so richtig zeigen kann!«

Kann sie doch. Als die Tante den kleinen Weißling oben unterm Dach in ihrem Turm findet, weinend und schluchzend und mit dem Telefonhörer in der Hand, da nimmt sie ihn auf den Schoß, schaut ihn zärtlich mit ihren runden, riesigen, kohlschwarzen Augen an und sagt: »Ich habe mir das überlegt. Vielleicht sollten wir morgen nacht mal zu Hause bleiben, und dann bringst du mir bei, wie man den Mond ansingt und leise durch die Räume schwebt!« Der kleine Weißling schluchzt noch ein paarmal, und dann läßt das Heimweh langsam nach.

Tips für Eltern

Ein paar Tage zu Tante Marie fahren? Oder mit Freunden nach Italien? Die meisten Kinder gehen gerne auf solche Angebote ein. Probleme ergeben sich manchmal erst unterwegs: abends im fremden Bett, wenn sie unter dickstem Heimweh leiden, so wie der kleine Weißling in der Gespenstergeschichte, und nur noch ein einziger Gedanke gilt, und der heißt: Ich will nach Hause!

Längst nicht alle Kinder geben zu, daß sie sich mit Heimweh herumquälen. Heimweh, das ist Kinderkram aus ihrer Sicht – nichts für Große. Und weil sie natürlich zu den Großen zählen möchten, versuchen sie nicht selten, ihre Not zu verstecken: Das muß ja niemand wissen. Viele zeigen auf indirekte Weise, daß ihnen elend zumute ist. Sie werden krank oder klagen über kleine Zipperlein oder haben gräßlich schlechte Laune oder zu gar nichts Lust oder lassen ihren Frust raus und ärgern andere Kinder.

Weil ihnen der Umgang mit ihren eigenen Gefühlen schwerfällt, achten viele Erwachsene auch die Gefühle anderer gering. Nicht selten werden sie kaum wahrgenommen. Heimweh – das ist kein Thema für sie. Leidet ein Kind darunter, so wird das möglichst übersehen. Und läßt es sich nicht übersehen, fühlen sie sich oft überfordert und scheuen sich zu fragen: »Was ist eigentlich los?« Oder sie appellieren an die Vernunft: »Du bist doch gut aufgehoben!« Doch Vernunft hilft nicht gegen Heimweh. Also werden Ausflüge, Aktionen geplant: »Dann gibt sich das Heimweh schon wieder!« Ablenkungsmanöver, Geschichten vorlesen, Geschichten erzählen, von eigenen Kindheitserinnerungen berichten – auch wenn Tante und Freunde noch so verständnisvoll auf das heimwehkranke Kind eingehen, bleibt das Weh häufig.

So können Sie helfen:
- Als Eltern sollten Sie nachfragen, Verständnis zeigen aus der Ferne. Regelmäßig anrufen und vorsichtig, zärtlich, liebevoll auf das Kind eingehen. Wer behutsam vorgeht, erfährt in der Regel, was schiefläuft, denn dann löst sich der Knoten, die Anspannung. Das Kind kann sich jetzt sein Heimweh, seine Sehnsucht und Traurigkeit von der Seele reden und so wieder festeren Boden unter den Füßen gewinnen. Wichtig ist, das richtige Maß an Verständnis zu zeigen.
- Kein Riesenthema aus der Sache machen (denn manchmal ist Heimweh auch nur eine harmlosere Angelegenheit). Wenn Eltern dauernd und ausführlichst jede kleine Mißstimmung mit ihrem Sprößling besprechen, kann sich das Weh und Leid auch verstärken. Bedauern – »Du armes kleines Häschen!« – hilft so wenig, wie gute Ratschläge zu geben. Hilfreicher ist es, das Kind als Partner zu behandeln und gemeinsam mit ihm nach einem Ausweg zu suchen: »Wenn das Heimweh nicht zu ertragen ist, mußt du es nicht aushalten! Dann kommst du nach Hause! Aber wahrscheinlich ist es auszuhalten. Wahrscheinlich gibt es sich bald, und dann beginnt der Genuß der Reise! Ich würde erst einmal abwarten!« Spüren Kinder, daß sie respektiert und ernst genommen werden, daß die Ewachsenen liebevoll mit ihnen umgehen, dann verhalten sie sich meist eben doch erstaunlich vernünftig. Jetzt ist das möglich: Die Basis stimmt wieder. Die Geschichte von dem kleinen Gespenst kann vielleicht auch etwas helfen.

Die Geschichte vom Krötenhaus und vom Mäuseparadies

Langsam wird es dunkel. Regen plätschert auf den Gartenweg. Marie schaut aus dem Fenster und gähnt. »Du bist heute an der Reihe! Du mußt die Fensterläden schließen!« sagt Paul. Warum müssen große Brüder kleine Schwestern eigentlich dauernd ärgern? Paul weiß doch genau, wie ungern Marie im Dunkeln ums Haus geht – von Fenster zu Fenster. Das schlimmste für Marie: Wenn sie die Fensterläden schließt, muß sie sich auf die Gitter stellen, die über den Schächten vor den Kellerfenstern liegen. Und in den Kellerschächten leben Kröten: widerliche, dicke, alte, große Kröten. Marie ekelt sich vor Kröten. Was hilft es: Die Fensterläden müssen geschlossen werden.

Marie schleicht ums Haus, tastet sich im Dunkeln an der Hauswand entlang. Die Läden vor dem Küchenfenster hat sie schon geschlossen. Jetzt kommt das Schlafzimmerfenster an die Reihe. In der Dunkelheit findet sich Marie kaum zurecht im Garten. Plötzlich ein Knistern in den Büschen und ein Lichtschein direkt vor ihren Füßen. Paul. Und Paul hat eine Taschenlampe dabei. »Sind dir schon ein paar fette, glibberige, schwarze, alte Kröten über die Füße gehüpft?« fragt er. Einerseits ja schön und gut, daß sie nicht allein ums Haus schleichen muß, andererseits kann sie Angstmacher-Sprüche nicht gebrauchen. Immerhin hilft Paul Marie, die übrigen Fensterläden zu schließen. »Aber nur, wenn du hinterher mitgehst, Kröten angucken«, sagt er. »Wenn's denn sein muß!« Marie seufzt. Ich kann ja so tun, als sähe ich mir die Kröten an, und mache dann heimlich die Augen zu, denkt sie.

Wenig später hocken Marie und Paul auf dem Gitter über dem Schacht vor dem Heizungskeller. »Drei dicke fette Kröten sitzen unten«, berichtet Paul. »Mordsviecher«, sagt er, und sie seien wirklich gut zu sehen im Licht der Taschenlampe. »Trau dich, guck hin!« Marie will nicht hingucken. »Da ist noch eine kleine Kröte!« Paul entdeckt eine kleine Kröte vorne links in der Ecke, gleich an der Hauswand. Langsam wird Marie doch neugierig, öffnet vorsichtig ein Auge und schaut ganz kurz mal. Da unten in der Ecke kauert wirklich eine kleine Kröte. Und diese kleine Kröte sieht gar nicht so grauslig aus, wie sich Marie das vorgestellt hat. Wenn die kleine Kröte nicht so grauslich aussieht, sind die großen Kröten vielleicht auch nicht so schlimm. Marie traut sich jetzt, auch die großen Kröten anzusehen.

Marie und Paul vergessen den Regen, vergessen die Dunkelheit. Sie sind nur noch mit den Kröten beschäftigt. Marie hat ihre Krötenangst vergessen. Gleich darauf flitzen die beiden in den Keller, schauen durchs Kellerfenster in den Schacht und sehen sich die Kröten noch einmal aus der Nähe an im Licht der Taschenlampe.

Da sie schon im Keller sind, schauen sie anschließend im Vorratskeller vorbei. Im Vorratskeller wohnt eine Mäusefamilie. Ob sich die Mäuse schon den Käse geholt haben? Den Käse, den Marie und Paul für sie täglich unter dem Regal verstecken. Die beiden versorgen die Mäuse mit Futter – mit Wurstscheiben und Kuchenstückchen, mit Schinkenscheiben und Knäckebrotkrumen. Immer wieder legen sie sich auf die Lauer, um die Mäuse zu beobachten. Nie haben sie Glück, denn die Mäuse sind schlau. Sie bleiben in ihrem Loch, wenn die Kinder in der Nähe sind. Natürlich muß die Sache mit dem Mäusefüttern ein Geheimnis bleiben.

Nicht nur im Keller, sondern überall im Haus und im Garten haben Marie und Paul geheime Ecken. Und alle Ecken haben ihre eigenen Geschichten. Geschichten, die keiner kennt außer Marie und Paul. Die Eltern wissen nicht, daß in ihrem Garten, zwischen den Baumwurzeln des Apfelbaumes, Zwerge wohnen, die die kleinen Gelben heißen. Daß im Kinderzimmer unter dem Bett Dinosaurier hausen, die sprechen können. Daß auf dem Garagenspeicher in einem Zelt aus alten Bettlaken Eskimos leben, die auf Eisbärenjagd gehen. Daß sich hinter der Regentonne Hexen verstecken, die den Garten verzaubern. Daß unter der Treppe in einem Karton ein Schatz lagert, der aus zweihundertvierundzwanzig Kronenkorken besteht. Im Haus und im Garten fühlen sich Marie und Paul zu Hause. Hier kennen sie jede Ritze und jeden Winkel.

Beim Gute-Nacht-Sagen erfahren die Kinder heute eine Neuigkeit. Diese Neuigkeit ist eine schlechte Nachricht. »Wir müssen umziehen«, sagt die Mutter. Marie und Paul spüren, wie schwer es ihr fällt. »Es gibt keine andere Lösung!« Und dann erzählen die Eltern, daß die Mutter eine neue Arbeitsstelle in einer anderen Stadt bekommen habe, und erklären, warum sie diese Arbeit annehmen müsse und warum der Vater seinen Beruf überall ausüben könne. Das Haus verlassen? Den Garten verlassen? Nie wieder mit Klaus aus Nummer 7 und Sabine von gegenüber auf der Straße spielen? Nicht mehr in ihren Kindergarten gehen können und in ihre Schule?

Marie ist wütend und schimpft: »Ich will nicht wegziehen! Ich will hierbleiben!« Nach der Wut kommt die Traurigkeit. Maries Kinn zittert, ihre Unterlippe zittert. Tränen strömen über ihre Wangen. Sie weint und hört nicht mehr auf zu weinen, und Paul weint gleich mit, bis die Augen knallrot sind und brennen. Paul ist aufgeregt, traurig, wütend. In seinem Kopf ist ein einziges großes Durcheinander. Es dauert lange, bis er endlich fragen kann: »Aber das mit dem Umziehen hat noch Zeit?« Der Umzug hat keine Zeit. Er muß sein, und zwar bald. »Sobald wir eine Wohnung gefunden haben, ziehen wir um!« sagt die Mutter. »Ihr werdet euch auch in der neuen Wohnung wohl fühlen, in einem neuen Kindergarten und in einer neuen Schule!« trösten die Eltern Marie und Paul. Der Trost hilft nicht viel. Erschöpft von Tränen und Kummer schlafen die beiden schließlich ein.

Am nächsten Morgen, gleich nach dem Aufwachen, ist der Kummer wieder spürbar. Da war doch etwas, denkt Paul. Und dann fällt ihm alles wieder ein: Wir ziehen um. Umziehen – ein furchtbarer Gedanke. Gräßlich, einfach scheußlich. Man kann doch sein Zuhause nicht einfach verlassen. Wie ein schwerer Mühlstein liegt der Kummer ihm auf der Seele, und Marie fängt auch gleich wieder an zu weinen, als er sie weckt.

Langsam gewöhnen sich die Kinder an den furchtbaren Gedanken. Mit der Zeit wird der Gedanke ans Umziehen weniger gräßlich und

scheußlich. Daß bald überall in der Wohnung Kisten und Kästen her-
umstehen und das große Einpacken beginnt, gefällt Marie und Paul
sogar. »Endlich was los hier.« Sie kramen ihre Schätze zusammen. »Wohin mit den zweihundertvierundzwanzig Kronenkorken?« fragt Marie.
»Von den Kronenkorken müßt ihr euch trennen!« sagen die Eltern.

Von den Kronenkorken müssen sie sich trennen. Und auch von den
Mäusen aus dem Vorratskeller, den Kröten aus den Kellerschächten.
Plötzlich wird Marie und Paul klar, was sie alles zurücklassen müssen.
Blaß vor Kummer und mit vielen Tränen nehmen sie Abschied von
dem alten Haus und dem alten Garten.

In der neuen Stadt, in der neuen Wohnung leben sich Marie und
Paul schnell ein. Der Kindergarten ist nicht schlecht. Die Schule ist
auch nicht schlecht. Und wieder wohnen ein paar Häuser weiter Kinder, mit denen sie auf der Straße spielen können.

Manchmal, gar nicht so selten, sitzen Marie und Paul auf der Fensterbank in ihrem neuen Kinderzimmer und reden über das alte Haus
und den alten Garten. »Weißt du noch, wieviel Angst du zuerst vor den
Kröten hattest?« fragt Paul. Marie lacht. Die beiden sind nicht mehr traurig, wenn sie an das alte Haus und den alten Garten denken. Und an
die Kröten und Mäuse, an ihre Spiele mit den Zwergen, Dinosauriern,
Eskimos und Eisbären. Daraus sind schöne Erinnerungen geworden.
Und diese Erinnerungen bleiben. Die werden sie nie wieder los. Und
das ist der allerbeste Trost.

Tips für Eltern

Die Geschichte vom Krötenhaus interessiert vor allem Kinder, die einen Umzug vor sich haben, die dem Unternehmen mit gemischten Gefühlen entge-
gensehen oder die einen Umzug gerade hinter sich gebracht haben und die
neue Umgebung noch skeptisch beäugen. Marie und Paul können diesen Kindern ein Trost sein. Auch diesen beiden fällt es schwer, das alte Zuhause aufzugeben, aber sie erkennen und akzeptieren schließlich, daß auch das Neue
seinen Reiz hat. Erleichtert nehmen sie wahr, daß das alte Haus für sie nicht
verloren ist. Es bleiben die gemeinsamen Erinnerungen daran, die ihnen nicht

verlorengehen. Ganz egal, ob Kinder gerne oder ungerne umziehen, es dauert immer seine Zeit, bis sie den Umzug verkraftet haben. Aber auch für Kinder, die vom Umziehen keine Ahnung haben, ist die Geschichte vom Krötenhaus von Interesse, denn sie erfahren, was ein Umzug bedeuten kann: Abschied nehmen, sich trennen müssen von einer geliebten, vertrauten Umgebung und sich langsam an das Neue gewöhnen.

So können Sie helfen:
- Wenn möglich, die ganze Familie frühzeitig auf das Thema Umziehen vorbereiten, damit genug Zeit bleibt, sich an den Gedanken zu gewöhnen.
- In der Vorbereitungsphase häufiger mit den Kindern über die eigenen Gefühle und Gedanken sprechen, die mit den Umzugsplänen verbunden sind, auch über schmerzvolle Gefühle wie etwa Angst vor der neuen Umgebung, Verlust der vertrauten Freunde und Nachbarn, über Abschiedsschmerz mit ihnen reden. Beschönigen gilt nicht. Kinder wollen ernst genommen werden als Gesprächspartner. Aber nicht nur über das Bangen und Zagen sprechen, sondern auch und vor allem Optimismus ausstrahlen: die positiven, aufregenden Seiten der Veränderung schildern, Offenheit, Interesse an dem Neuem zeigen. Ein Umzug ist immer ein Abenteuer (und die meisten Kinder haben viel übrig für Abenteuer). Umziehen kann bedeuten, mit neuem Schwung den Alltag anzugehen, neugierig die neue Umgebung zu erforschen. Neue Schule, neue Leute, neue Stadt: Aufregende, spannende Zeiten kommen auf die Familie zu.
- Die Kinder an der Wohnungssuche beteiligen und ihnen – soweit möglich – ein Mitbestimmungsrecht bei der Wahl der Wohnung einräumen.
- Ist eine Wohnung gefunden, mit ihnen die Verteilung der Räume und das Einrichten der Zimmer besprechen.
- Nach dem Umzug: Gemeinsam mit den Kindern den neuen Wohnort erkunden, häufiger »Extra«-Touren anregen: zum Beispiel ins Café, in den Zoo, ins Kino gehen.
- Trotz allen Trubels die Kinder nicht zur Seite schieben. Gerade in dieser Umbruchzeit brauchen sie viel Fürsorge.
- Den Kontakt zu den alten Freunden pflegen: Karten schreiben, anrufen, besuchen, einladen.

8. Kapitel

Der Tag endet, die Nacht kommt

Wenn ein Kind
abends nicht ins Bett gehen will …

Die Geschichte vom
mopsfidelen Mops

Ich bin nicht müde, überhaupt nicht müde und denke nicht daran, mich in meinen Korb zu trollen. Ich bleibe hier!« knurrt der Mops, als ihn der alte, braune Spaniel abends ins Bett schicken will. Der Mops fürchtet, eine Menge zu verpassen, wenn er sich schlafen legt, denn jetzt wird es hier im Wohnzimmer erst gemütlich. Der alte, braune Spaniel liegt auf dem zerfetzten, buntgemusterten Teppich vor dem gelben Sofa und kaut an einem alten Filzpantoffel. Der schwarzweiße Berner Sennhund von nebenan ist zu Besuch gekommen, liegt auf dem gelben Sofa und erzählt Neuigkeiten aus der Nachbarschaft. Die graue Katze hat es sich auf der Fensterbank gemütlich gemacht. Und ausgerechnet jetzt schicken sie mich ins Bett, denkt der Mops, legt seine Stirn in besonders tiefe Falten und rümpft – soweit sich das überhaupt machen läßt – seine platte Nase. Hochbeleidigt sieht der Mops aus, total unzufrieden.

Der alte, braune Spaniel redet beharrlich auf den hochbeleidigten, tiefunzufriedenen Mops ein: »Du bist nun mal der Kleinste von uns. Du brauchst deinen Schlaf. Tröste dich: Wir machen auch bald Schluß und verziehen uns auf unser Lager. Komm, sei vernünftig!« Wenn ich das Wort vernünftig schon höre, sträuben sich mir die Nackenhaare, denkt der Mops. Wieso soll ich vernünftig sein? Ich will gar nicht vernünftig sein. Ich will meinen Spaß haben, denkt der Mops und bleibt dick und fett mitten im Zimmer sitzen. »Ich rühre mich hier nicht von der Stelle!« verkündet er laut. »Ich bin mopsfidel und gar nicht müde!«

Die Katze schaut ihn aus schläfrigen, halbgeschlossenen Augen hochmütig an und schnurrt: »Mach mal halblang. Was soll dieser Affenzirkus? Junge Tiere brauchen mehr Schlaf als alte – das ist nun mal so. Also zieh Leine! Mach's gut und träum schön!« Diese hochmütige Art der grauen Katze reizt den Mops erst recht. Er wird nun richtig grantig und kläfft in die Runde: »Ihr habt mir nichts zu sagen. Ich bleibe!«

Der schwarzweiße Berner Sennhund, bemüht, den alten Spaniel zu unterstützen, erhebt sich in seiner majestätischen Größe vom gelben Sofa, steigt ab, schlurft quer durchs Wohnzimmer auf den Mops zu, packt ihn mit seinen großen Hundezähnen am Kragen – keine Angst, er beißt nicht richtig zu – und schleppt den strampelnden, kläffenden Mops einfach ab. Er trägt ihn aus dem Zimmer, durch den Flur und setzt ihn schließlich im Hundekorb unter der Treppe ab. Der Mops kläfft wütend: »Ich bleibe hier nicht!« »Und ob du hier bleibst!« sagt streng der schwarzweiße Berner Sennhund. »Der Tag war lang genug für ein kleines Hündchen. Es reicht. Nun wird geschlafen – aus, Schluß, basta!« Der Mops strampelt vor Aufregung: Was sind denn das für rauhe Töne! Daß der schwarzweiße Berner Sennhund so garstig – aus, Schluß, basta – mit ihm spricht, gefällt ihm überhaupt nicht. Der Mops wehrt sich: »Ich bin kein Hündchen, sondern ein Mops. Ein richtig guter Mops!«

»Reg dich ab!« versucht ihn der alte, braune Spaniel zu beruhigen, der inzwischen neben dem Hundekorb sitzt. »Ich verspreche dir, daß wir anderen auch bald schlafen gehen, du versäumst nicht viel, wenn du dich jetzt verabschiedest!« Und dann erzählt der alte, braune Spaniel dem kleinen Mops, der immer noch, Kopf hoch erhoben, Schwanz eingekniffen, aufgebracht, höchst empört im Hundekorb sitzt, eine Gute-Nacht-Geschichte: »Es war einmal ein Mops, der sagte: Ich bin nicht müde, überhaupt nicht müde und denke nicht daran, mich in mein Körbchen zu trollen. Ich bleibe hier bei den großen Hunden …« Dem Mops kommt die Geschichte bekannt vor. Aber er ist inzwischen viel zu müde, um darüber nachzudenken, woher er sie kennen könnte. Der Mops legt sich im Hundekorb hin, klappt die Augen zu und beginnt zu schnarchen, laut und sehr unmusikalisch.

Tips für Eltern

Kinder, die sich abends fröhlich pfeifend von ihren Eltern verabschieden, um ins Bett zu marschieren, sind sicherlich die Ausnahme. Die meisten tun sich schwer, abends Abschied zu nehmen, und versuchen, diesen Abschied hinauszuzögern:

○ vom warmen Licht in der Wohnung,

○ von den Menschen, die zurückbleiben, nicht ins Bett geschickt werden,

○ von älteren Geschwistern – zeigt sich in dieser Situation doch deutlich, daß sie enorme Vorteile haben,

○ von dem Tagesgeschehen – nachts ist es duster und langweilig.

So können Sie helfen:

• Mit Gute-Nacht-Geschichten lassen sich die Gedanken in eine andere Richtung lenken – weg vom Tag, von allem Vertrauten. Sie erleichtern den Übergang. Erzählen Sie keine aufregenden Abenteuer, sondern schlagen Sie leisere Töne an – vielleicht die Geschichte vom mopsfidelen Mops.

• Rituale erleichtern das Zubettgehen. Läuft Tag für Tag die gleiche Zeremonie ab – erst reden, dann singen, schließlich eine Gute-Nacht-Geschichte vorlesen –, dann versteht ein Kind das allmählich als eindeutiges Signal: Jetzt hilft kein Diskutieren mehr. Danach ist Schluß. An diesem Punkt sind meine Eltern unerbittlich.

• Wichtig ist es, den Abend leise und ruhig ausklingen zu lassen, vor dem Zubettgehen keine aufregenden Tobespiele mehr anzuregen oder spannende Filme im Fernsehen anzuschauen.

• Wenn das Kind nicht einschlafen kann, alle paar Minuten im Kinderzimmer vorbeischauen, die Verbindung halten, aber kein Gespräch mehr beginnen. Für ein Kind heißt das: Ich bin nicht allein. Und diese Gewißheit hilft beim Einschlafen. (Lesen Sie dazu auch die Tips auf Seite 186.)

Wenn ein Kind
nicht einschlafen kann …

Die Geschichte von Bommel, der sich im Dunkeln fürchtet

Schlaf gut, mein Lieber!« sagt Bommels Vater und schickt seinem Sohn noch einen Fliegekuß von der Tür aus zu. Er macht das Licht aus und die Tür hinter sich zu. Seine Schritte entfernen sich. Bommel bleibt allein in seinem Zimmer zurück. Er liegt in seinem Bett unter der Decke. Es ist kalt unter der Decke. Die Decke muß ich erst aufwärmen, denkt Bommel und strampelt ordentlich – das macht viel warmen Wind.

Die Tür ist geschlossen. Das Fenster ist geschlossen. Die Vorhänge sind zugezogen – es ist stockduster im Zimmer. Bommel mag nicht im Stockdusteren liegen, denn da sieht er rein gar nichts. Wenn sich ein Räuber in mein Zimmer schliche, könnte ich ihn nicht sehen, denkt Bommel. Er springt aus dem Bett, tastet sich zum Fenster vor und zieht die Vorhänge auf. Viele funkelnde Sterne und der bleiche Mond stehen am Himmel. Der Mond ist heute kugelrund. Vollmond.

Es ist kalt im Zimmer. Bommel friert. Er läuft zurück in sein Bett, krabbelt wieder unter seine Bettdecke und strampelt ordentlich, um einzuheizen.

Helles Mondlicht, fast weiß, fällt schräg durch das Fenster in sein Zimmer. Richtig gruseliges, milchiges Licht. Doch ganz plötzlich verschwindet der Mond hinter einer Wolke, und es wird wieder dunkel im Zimmer. In solchen Nächten sind ganz bestimmt unheimliche Wesen unterwegs, denkt Bommel und bekommt Herzklopfen. Bommel fürchtet sich nämlich vor unheimlichen Wesen, vor Gespenstern und Vampiren, vor Zwergen und Hexen, noch mehr als vor Räubern.

Sitzen sie schon länger dort? Oder sind sie gerade erst gekommen? Am Fußende von Bommels Bett sitzen drei weiße Zwerge. Weiße Mützen tragen sie auf dem Kopf, dazu haben sie weiße Haare, weiße Bärte und weiße Wämse, das sieht Bommel genau, als der Mond hinter der Wolke auftaucht und es wieder hell im Zimmer wird. Bommel bekommt eine gehörigen Schrecken, als er sie dort unten sitzen sieht. Die weißen Zwerge bewegen sich nicht und sagen keinen Mucks. Bommel wedelt mit seiner Bettdecke – erst vorsichtig, dann kräftiger. Nichts tut sich. Die Zwerge rühren sich nicht vom Fleck. Die Zwerge, so winzig klein sie sind, machen Bommel angst. Ganz laut ruft er nach seinem Vater: »Vati!« Und noch einmal brüllt er: »Vati!« Schritte auf dem Flur. Die Tür öffnet sich. »Was ist denn, Bommel?« fragt der Vater. Bommel weist auf das Fußende seines Bettes und jammert: »Da sitzen drei weiße Zwerge!«

Der Vater macht das Licht an, weist lachend auf das Bettende und sagt: »Keine weißen Zwerge zu sehen. Du siehst wohl Gespenster!« Bommel bekommt noch einen dicken Gute-Nacht-Kuß und ein bißchen Streicheln über die Wange, dann verläßt sein Vater wieder das Zimmer. »Nun kannst du bestimmt einschlafen!« sagt er im Hinausgehen. »Alle Gespenster sind vertrieben!« Wieder allein, schaut sich Bommel vorsichtig in seinem Zimmer um: Sind die Zwerge wirklich verschwunden? Keine Zwerge mehr zu sehen. Bommel sitzt aufrecht im Bett und traut sich nicht, seine Augen zu schließen, obwohl er sehr müde ist.

Der Mond ist hinter der Wolke wieder hervorgekommen und scheint nun direkt in Bommels Zimmer, steht mitten im Fenster. Fast taghell ist es im Zimmer, keine Wolke im Anzug, hinter der der Mond verschwinden könnte. Jetzt ist es so hell, daß sich unheimliche Wesen – Gespenster, Vampire, Zwerge, Hexen – ganz bestimmt nicht mehr aus dem Dunkeln hervorwagen. Bommel fallen schließlich die Augen zu. Im Einschlafen drückt er seinen Teddy ganz fest an sich und denkt: Der Teddy ist ein guter Aufpasser. Der weckt mich, wenn die Zwerge wieder auftauchen sollten!

Tips für Eltern

Nach dem Gute-Nacht-Sagen ziehen sich Kinder langsam zurück, gehen auf Abstand zu dem alltäglichen Getriebe, besinne sich mehr auf sich selbst: nuckeln, graben sich tief in ihre Kissen.

Manche Kinder können nicht gleich einschlafen. Dafür gibt es zwei Gründe:
○ Ihnen fällt der Rückzug, das Abschalten schwer. Es gelingt ihnen nicht gleich, auf Abstand zu allem Erlebten zu gehen und sich zu entspannen.
○ Schlafen bedeutet auch, sich fallenzulassen. Die Kontrolle aus der Hand geben, sich ausliefern. Damit tun sich schon Kinder häufig schwer.

So können Sie helfen:
● Einem Kind, das Vertrauen in Mutter, Vater, Geschwister – in sein Umfeld – hat, fällt es in der Regel nicht schwer, sich zu entspannen und einzuschlafen. Das Hinübergleiten in den Schlaf fällt noch leichter, wenn der Abend ruhig ausklingt: ohne Hektik in einer wohlig entspannten Atmosphäre, wenn Mutter und Vater ihrem Kind noch einmal deutlich zeigen: Wir haben dich lieb! und wenn die Großen sich noch ein paarmal kurz und knapp in der Tür zeigen – zur Sicherheit. So weiß ein verängstigtes Kind ganz gewiß: Sie sind wirklich da. Ich kann mich darauf verlassen.
● Übermüdete Kinder sind schnell überdreht. Weil sie aber übermüdet sind, geraten sie schnell in Verzweiflung und Wut und können sich dann erst recht nicht entspannen und schaffen es nicht, einzuschlafen. Kinder sollte man also nicht erst ins Bett bringen, wenn sie völlig übermüdet sind, sondern schon vorher.
● Stofftiere, Schmusedecken erleichtern das Einschlafen und sind oft auch bei älteren Kindern gefragt. Gerade weil sie zerlumpt und abgegriffen sind, bedeutet das für ein Kind: Das ist ein Stück von mir. Sie verkörpern Nähe und trösten. (Lesen Sie dazu auch die Tips auf Seite 183.)

**Wenn ein Kind
nachts ins Elternbett schlüpft …**

Die Geschichte vom kleinen Schwarzbären

Nacht für Nacht, immer Punkt halb zwei, macht der kleine Schwarzbär seine Augen auf, gähnt, reckt und streckt sich, schlägt seine rosa Bettdecke zurück, springt aus dem Bett, rennt barfuß aus dem Zimmer, watzt schnell über den Steinboden im Flur, weil er so kalt ist, öffnet die Tür zum Schlafzimmer seiner Eltern – daß diese Tür so laut knarren und quietschen muß! –, nimmt Anlauf, springt mit viel Schwung über die untere Bettkante und landet weich mitten zwischen seinen Eltern im Bett. Der kleine Schwarzbär kriecht unter die Bettdecke. Mal unter die Bettdecke von der Schwarzbärenmutter, mal unter die Bettdecke vom Schwarzbärenvater – je nachdem. Mitunter brummt die Mutter: »Du hast vielleicht kalte Füße! Mußt du immer bei mir schlafen? Kannst du nicht einmal in deinem Bett bleiben?« Oder der Vater stöhnt: »Ich wollte den Platz in meinem Bett heute für mich allein haben!« Der kleine Schwarzbär schert sich nicht darum, was die Schwarzbärenmutter oder der Schwarzbärenvater ihm zu sagen haben. Wunderbar weich und warm ist es hier im Bett bei den Bäreneltern. Er klappt seine Augen wieder zu und schläft sofort ein. Schläft durch bis zum Morgen.

Beim Frühstück klagt der Schwarzbärenvater über Rückenschmerzen: »Ich fühl' mich wie gerädert! Alle naselang hab' ich den kleinen Schwarzbären im Bett – so geht das nicht weiter. Ich will in Ruhe schlafen!« Auch die Schwarzbärenmutter ist nicht gerade glücklich über die nächtlichen Besuche und redet mit dem kleine Schwarzbären: »Du hast doch ein eigenes Bett. Ein wunderbar weiches Bett mit einer federleichten Decke und einem himmelblauen Kuschelkissen – warum bleibst du nie in diesem wunderbaren Bett? Wir hätten unser Bett gerne für uns alleine, damit wir Platz haben zum Schlafen und uns nachts auch mal ausstrecken können!« Der kleine Schwarzbär nickt verständnisvoll und nimmt sich fest vor: Heute nacht bleibe ich in meinem eigenen Bett.

In der kommenden Nacht, Punkt halb zwei, beginnt das Theater von vorne. Der kleine Schwarzbär wacht auf … In dieser Nacht rücken der Schwarzbärenvater und die Schwarzbärenmutter nicht gleich zur Seite und schlafen auch nicht gleich wieder ein, als der kleine Schwarzbär mit Schwung zu ihnen ins Bett springt. Sie reden mit ihm ein ernstes Wörtchen: »Du wirst rund und runder, schwer und schwerer, groß und größer und willst immer noch in unserem Bett schlafen. Das kann doch nicht so weitergehen! Jetzt ist Schluß damit! Geh' bitte in dein Bett und mach's dir dort gemütlich!«

Der kleine Schwarzbär kann nicht glauben, daß er aus dem warmen, großen Bett aussteigen, wieder zurücklaufen soll über den kalten Steinboden im Flur … Er weint bitterlich: »Ich will bei euch bleiben! Ich will nicht in mein Bett!« Müde und ratlos sitzen die Bäreneltern in ihrem großen, weichen Bett, nehmen den kleinen Schwarzbären feste in die Arme, drücken, trösten ihn und sagen: »Heute versuchst du, in deinem Bett zu schlafen!« Die Schwarzbärenmutter gibt ihrem Sohn das Kopfkissen vom Bärenvater und die Decke von der Bärenmutter mit und sagt: »Dann bleibt ein Stück von uns bei dir!« Der Schwarzbärenvater bringt den kleinen Schwarzbären durch den kalten Flur zurück in das Kinderzimmer, gibt ihm Vaters Kopfkissen mit ins Bett und Mutters Decke und sagt: »Bitte versuch einmal, ohne uns zu schlafen!« Dann schließt er die Tür.

Als der kleine Schwarzbär gerade beginnt, sich in seinem Bett fürchterlich verlassen und allein zu fühlen, flüstert das Kopfkissen vom Bärenvater ihm ins Ohr: »Du bist nicht allein! Ich bin doch bei dir!«, und die Decke von der Bärenmutter flüstert: »Fühl dich nicht verlassen! Ich bin auch noch da!«

Der kleine Schwarzbär holt tief Luft. Das Kopfkissen riecht nach dem Bärenvater, und die Decke riecht nach der Bärenmutter. Das Schwarzbärenkind fühlt sich schon ein Stück wohler: Lauter vertraute Gerüche. Stimmt. Ich bin nicht allein. Meine Eltern sind ganz in meiner Nähe.

Tips für Eltern

Die Wünsche eines Kindes stimmen nicht immer unbedingt mit denen seiner Eltern und mit den Regeln, die zu Hause gelten, überein. So hat jedes Kind seine eigenen Schlafbedürfnisse und seinen eigenen Schlafrhythmus – oft ganz andere als seine Eltern. Viele Kinder begeben sich nachts auf Wanderschaft und stehen im Elternschlafzimmer regelmäßig auf der Matte.

So können Sie helfen:
- Fühlen Sie sich in das Empfinden Ihres Kindes ein. Ist es nicht nachzuvollziehen, daß ein Dreikäsehoch sich nachts allein in seinem Zimmer verloren und einsam fühlt, wenn er aufwacht? Es ist doch zu verstehen, daß er dann die Wärme und Nähe seiner Eltern sucht. Gehen jedoch Eltern jetzt nicht auf die Bedürfnisse ihres Kindes ein, achten sie seine Wünsche nicht, sondern nur die eigenen, stellen sie starre Regeln auf, an die sie sich fest halten, wie »Du bleibst in deinem Zimmer, auch wenn du weinst!«, dann paßt sich das Kind schließlich zwar vordergründig den Wünschen seiner Eltern an, hinter der Fassade bleibt aber ein Riß übrig, ein Stück Resignation und Einsamkeitsgefühl. Besser ist es, keine starren Regeln aufzustellen, sondern zu versuchen, einen Kompromiß zu finden zwischen den Bedürfnissen der Eltern und denen des Kindes.
- Kein großes Streitthema aus dem nächtlichen Wandern machen, sondern es möglichst unkompliziert handhaben, damit kein Machtkampf zwischen groß und klein daraus wird. Erfahrene Eltern wissen: Irgendwann – bei dem einen Kind früher, bei dem anderen ein wenig später – verliert sich der Wunsch, nachts zu den Eltern ins Bett zu schlüpfen, ganz von allein; dann wird das eigene Bett interessanter – je weniger darüber geredet wird, desto eher.
- Die Geschichte vom kleinen Schwarzbären und seinen Eltern kann den Einstieg in ein – gelassenes, ruhiges – Gespräch über dieses Thema bilden.

Register

Cornelia Nitsch bei Mosaik

Cornelia Nitsch
Beide Hände reich ich Dir...
96 Seiten
durchgehend vierfarbig illustriert
Gebunden
ISBN 3-576-10751-7
Familienrituale prägen den Alltag mit wohltuenden Gewohnheiten und helfen Kindern, ihre Eindrücke, Ängste und Aufregungen zu bewältigen. Dieser einfühlsame Ratgeber vermittelt eine Fülle erprobter, erzieherisch wertvoller Anregungen für Spiele, Geschichten, kleine und große Höhepunkte im Alltag.

Cornelia Nitsch
Witzige 10-Minuten-Spiele
96 Seiten
ca. 40 Farbillustrationen
Gebunden
ISBN 3-576-10585-9
Dieses überaus ideenreiche Buch enthält 130 spannende, lustige und kreative Spiele für Kinder jeden Alters. Sie alle brauchen nur wenig Zeit und machen ganz viel Spaß. Damit läßt sich prima ein kleiner Kummer vertreiben oder das Schlafengehen versüßen.

Cornelia Nitsch
Geschichten, die Kinder kreativ und glücklich machen
96 Seiten
40 farbige Zeichnungen
Gebunden
ISBN 3-576-11021-6
180 Phantasiereisen voller Bilder, Gerüche und Geräusche lassen Kinder zu inneren Ausflügen aufbrechen. Mit einfachsten Mitteln können Eltern die visuelle Vorstellungskraft ihrer Kinder anregen und so Kreativität und Selbstbewußtsein fördern.

Cornelia Nitsch
Heile, heile Pusteverse
96 Seiten
40 farbige Zeichnungen
Gebunden
ISBN 3-576-11022-4
In diesem Buch finden Eltern über 200 altvertraute, aber auch ganz neue Kinderverse, Fingerspiele und Lieder, mit denen sie ihren Kleinen über ein Kümmernis, einen Schmerz oder einfach über die Langeweile hinweghelfen können. Mit Anleitungen für die entsprechenden Bewegungen und liebevollen Illustrationen.

Mosaik

Erhältlich überall dort, wo es Bücher gibt.